Inefável ~ Antologia

2007 – 2013

Inefável ~ Antologia

2007 – 2013

Primeira edição | Setembro 2024

Editor: Pedro Silva Sena sob a designação de Edições Bicho de Sete Cabeças

Impressão: Clube de Autores

Capa: Canva

https://editorabichodesetecabecas.wordpress.com

Dez números, dez anos

Há cerca de dezassete anos, demos os dedos ao teclado para concretizar um projecto antigo e ambicioso: a edição de uma revista de poesia aberta a todas as vozes e a todas as estéticas – enquanto espaço do canónico e do experimental, do *erudito* e do *popular* –, tendo "como propósito a publicação em rede de textos poéticos, traduções, crítica literária e ensaios de autores contemporâneos, [e] empenhando-se em ser acessível ao maior número de leitores". Intitulámo-la de *Inefável* – «o que não se pode exprimir por palavras», verte-se no dicionário –, num desafio a um dos paradoxos-motrizes do exercício poético. A escassez de recursos materiais depressa determinou o meio através do qual a *Inefável* haveria de surgir e procurar o seu público: a *internet* e o seu acesso gratuito. Começámos na plataforma weblog.pt, alojámo-nos durante muitos anos na blogger e estamos hoje na Wordpress.com. Entretanto, conseguimos cumprir todos os objectivos a que nos propusemos: publicámos em vários idiomas, acolhemos a tradução, a entrevista, o ensaio e a recensão crítica, divulgámos a *Inefável* nas redes sociais.

Impôs-se, pelo cariz próprio do meio de publicação, uma primeira antologia, a qual foi dada à estampa pela

Seda Publicações em 2014. Uma vez desaparecida das livrarias a primeira edição e desaparecidos da *internet* os treze primeiros números da Inefável (obliterados pela indiferença arrogante e majestática da Google), impunha-se uma reedição: as Edições Bicho de Sete Cabeças encarregam-se agora, também, da nova forma tangível e digital da *Antologia Inefável*. Incluímos nesta edição, onde se publicam textos exclusivamente em Português, as autoras e os autores cujos poemas inéditos publicámos e, também, um prefácio (de Ruy Ventura), algumas traduções e duas entrevistas (a Júlio Graça e a Alberto Pereira). A organização deste volume segue o critério das afinidades (estéticas e ou temáticas) entre os diversos textos e autores/as, em detrimento do respeito pela cronologia da sua publicação – isto porque julgamos mais pertinente esta *releitura* dos (dez) números aqui coligidos do que a mera reprodução da sua sequência no tempo. Agradecemos profundamente, por fim, a colaboração editorial empenhada de Patrícia Alves de Matos, José do Carmo Francisco, Ricardo Gil Soeiro e Alberto Pereira, que contribuíram, com generosidade, para que a *Inefável* não permanecesse um empreendimento solitário. O agradecimento derradeiro vai, inefavelmente, para todos os autores e as autoras pela sua participação.

Almeirim, 5 de Março de 2024

DO (IN)EFÁVEL NA POESIA

por Ruy Ventura

"[...] não pretendo legislar, mas encontrar."

António Maria Lisboa

Coloco-me do lado de fora, no lugar posterior. Com António Maria Lisboa, penso que *"ao caminharmos para o Futuro é o Passado que conquistamos"*, porque o Passado só vale enquanto proposta e motor do que há-de vir. Escrevo sobre e da poesia portuguesa contemporânea, dos alicerces de um edifício em parte embargado, esperando que a solidez das estruturas, a pedir advento e construção, convença os pedreiros a deitarem mãos à obra. Venham de onde vierem. Escrevo tendo consciência de que a nossa poesia pode e deve ser uma proposta universal. Escrevo sobre ela sabendo, de antemão, que se limita a ser uma peça na engrenagem produtora e transmissora dos grandes movimentos que fazem brilhar, empalidecer e oxidar a nossa contemporaneidade artística. Dias sem tempo –

cem anos são um dia – em que o anterior e o posterior se unem num ponto movente, para quem os saiba ler. Dias em que qualquer ser onde luza alguma clarividência vive, todavia, em permanente angústia perante a amnésia colectiva – daqueles que não vêem, não lêem nem escutam porque, na sua auto-suficiência, aproveitam todos os momentos para entulhar o espaço disponível com as suas inanidades e escadas de papelão; daqueles que a erosão (da igualdade de oportunidades e da dignidade da pessoa) vai reduzindo à condição de servos de uma gleba onde cresce, todos os dias, um horror bem visível na manipulação estupidificante, no alheamento e no isolamento, na redução do Homem à mais corrosiva penúria material e espiritual.

Não me interessam as querelas nem os campeonatos. Para mim, a grande causa consiste na luta contra o logro e contra a penúria intelectual, contra os actos daqueles que não abrem a porta nem a deixam abrir, contra o bombardeamento conformista que, mesmo parecendo *à la page* e surfando a última onda nas águas de uma praia artificial, apenas quer transformar a sólida complexidade do Homem e da Arte num raso plano geométrico, porque mais longe não consegue ou não quer ir.

Lembro aqui (e sempre) as palavras que Raul Brandão escreveu a Pascoaes: "*Esses figurões desorientam um público que não tem cultura, porque falam de cadeira nos grandes jornais[1]. Lá fora, [...] seriam realmente grotescos; aqui, onde não há críticos que ponham as coisas nos seus lugares, são nefastos."* Se assim era na década de 1920, nos dias de hoje, em que o ar de catástrofe é por demais evidente, temos de partilhar as inquietações de Márcio-André, quando prevê a extinção da poesia no seu *"recorte literário".* Exigindo, como ele afirma e bem, *"uma contemplação, uma paciência, uma auto-reclusão cada vez mais raras de serem encontradas na modernidade capitalista", "deixa de ser interessante ao mercado",* perdendo cada vez mais o espaço público, em detrimento de subprodutos anacrónicos e sem invenção ou de paraliteraturas que visam apenas o lucro financeiro e social e, também, a manipulação de seres incautos. Verdade seja dita que a culpa não pertence apenas aos apaniguados do reino de Mamon: *"O poeta contemporâneo é outro grande responsável por sua extinção, cada vez mais afastado das questões éticas fundamentais da poética e preocupado somente em se promover e ficar bem diante das instituições".* Junte-se a estas considerações a manipulação promovida pelas políticas de *promoção da leitura* – que se limitam a notabilizar os autores que fazem parte da engrenagem comercial, nefastas porque

---

[1] Mesmo quando se auto-afirmam "marginais" ou coisa que o valha, porque lhes dá jeito e fama, acrescento eu...

não estimulam o pensamento crítico nem preparam para a peculiaridade do texto poético, mas se destinam somente a *"manter em movimento a máquina editorial"* – e o resultado não se pode esperar animador. Tudo isto é tanto mais grave quanto a poesia, enquanto acção e movimento criativos, é factor de distinção do ser humano, separando-o da animalidade: *"[...] não é o homem quem cria a poesia, mas a poesia que o cria. Mais: a poesia é a própria ação criadora em si, na qual se atesta o homem ao criar e as coisas ao serem criadas"*.

Há, no entanto, centelhas de esperança, nascidas nas fendas do paradigma vigente ou nos seus subterrâneos. Face à barbárie, vale a pena afirmar a persistência resistente. Ainda que se saiba que quem assim trabalha acabará por encontrar no seu percurso *"um exílio de temperamentos de arte que a querem como a um segredo ou tormento"*, como afirmou em 1915 Luís de Montalvor, na introdução do primeiro número da revista *Orpheu*.

*

Não é fácil definir ou delimitar a poesia contemporânea. A chamada *globalização* não deixou de fora a expressão verbal artística e, para o bem e para o mal, produziu um arquipélago com dimensões desconhecidas e habitantes inconcretos, em que, apesar das facilidades tecnológicas de divulgação e comunicação, cada ilha (às vezes cada rochedo) vive em autarcia, como se fosse o centro do mundo ou, quiçá, o único lugar habitável. E às vezes essa extensão de terra, de carne e de pensamento é apenas um único homem.

Ainda assim, penso que é possível distinguir algumas tendências dominantes, nomeadamente neste microcosmos português, que é miniatura do que se passa um pouco por esse planeta fora. O que não significa que essas formas de produção tenham aqui a mesma força paradigmática que têm noutras paragens.

António Cabrita, num ensaio de 2011, apontou dois caminhos paralelos, a que ele chama "duas linhagens" (termo importante, ao indicar que nenhuma delas inventou a roda; quando muito aprofunda ou transmite o testemunho, melhorado, o que é já muito bom): "Para uma família de poetas a linguagem é um instrumento auxiliar para criar objectos verbais que se manifestam em declarações espirituais, psicológicas ou políticas. [...] Existe por outro lado uma outra prática da poesia onde a linguagem é em si mesma, um problema, um conflito já existente, uma dobra". Esclarece, seguindo Octavio Paz, que para estes "o poder da palavra germina a partir do seu próprio fulcro, não traduz outra coisa; o poeta não se serve das palavras para traduzir uma 'realidade' pré-existente, antes intui [...] que elas são o referente".

Este dualismo foi, pouco depois, severamente criticado por Manuel de Freitas, dizendo – com alguma razão, mas não toda – "*que um poeta consegue fundir na sua escrita – e num mesmo livro – essas duas 'linhagens'*"[2]. Foi contudo um ataque inconsequente, com água no bico[3]... Fernando Guimarães, em 2013, escrevendo sobre a arte do modernismo português e europeu (Pessoa, Eliot, Rilke, etc.) como reacção contra uma poesia sem "*sentimento intelectualizado*" (que, já na época – como

---

[2] "*[...] um poeta consegue fundir na sua escrita – e num mesmo livro – essas duas 'linhagens' [...]*"... Não é bem assim. Há apenas alguns poetas que conseguem essa fusão, ou seja, essa síntese. Infelizmente são muitíssimo poucos, em Portugal e no mundo, pois na maior parte das obras ou poemas tal não passa de mera coexistência, nem sempre pacífica.

[3] Por um lado, aponta dois exemplos dessa "*fusão*", Herberto Helder e António Barahona, decerto querendo dizer "*coexistência*", conceito bem mais restrito do que a síntese. Por outro, põe na obscuridade do esquecimento dos leitores a sua prática militante em sentido contrário, como plantador de eucaliptos que não consente outras espécies arbóreas, que apenas perdoa (!) dissidências aos "*génios*" como o autor de *Photomaton & Voz* (com os notáveis não mete...) ou aos diferentes, quase só estrangeiros, que promove na sua actividade comercial. Esta atitude dúplice tem levado tanto à adulação acrítica (não sei se interesseira) de uns quanto à germinação de uma miríade de epígonos em segunda mão (verdadeira co(o)rte de fãs que a grande imprensa tenta promover, porque é do seu interesse). O que dirá hoje Herberto quando relê o seu bom prefácio de Edmundo de Bettencourt? Nele afirma: "*Presumo ser a partir de Orpheu, desses poucos poetas posteriores e do surrealismo – nesta linha, e para diante – que alguma coisa nova e bela poderá surgir na poesia portuguesa*"; em 1999 renegou-o em parte, autocriticando as "*previsões de futuro sem futuro à vista*", parecendo não perceber que a "*ditadura neo-realista*" da década de 1960 de que foi "*vítima*" surge agora replicada, com um nome parecido, embora sem ditames políticos ou sociais. Queira Deus que num destes dias também António Barahona da Fonseca, autor do excelente prefácio a uma das melhores edições de *Clepsydra*, não venha agora renegá-lo ou queira apagar *Os Dois Sóis da Meia-Noite*...

hoje –, ia crescendo oca, epigonal, *"repugnante"*) e como propagadora de uma escrita de síntese e paradoxo, apontou um quadro a meu ver bem mais completo e matizado. Notando o anacronismo das formas poéticas que mais se divulgam nos nossos dias – porque mais legíveis, ao reproduzirem a linguagem coloquial/pauperizada do presente e cenários materiais e sociais sem horizonte –, sinaliza um revivalismo empobrecedor que, no âmbito da chamada *pós-modernidade*, vai fazendo, sem saber (?), o jogo da total mercantilização da sociedade (que, como se sabe, será tanto mais efectiva quando mais elementar for o raciocínio humano):

"É um conjunto de movimentos [...] que vai de um novo realismo, ou melhor, microrrealismo, apostado numa descrição fotográfica da realidade, até às neovanguardas, que são um desvio em relação a uma mais consistente inspiração surrealizante. Todos estes movimentos têm algo de comum. É que eles acabam por pôr em questão a noção de obra de arte [...], sobretudo quando se procura ir por um caminho que anda demasiado próximo de uma comunicação mais fácil, que é proporcionada pelo revivalismo, o kitsch, uma sensibilidade pop ou uma aleatória cultura de massas".

*

14

Vivemos num impasse? Parece que sim, pelo menos no que à poesia mais divulgada e louvada diz respeito. Sairemos dele se percebermos que a arte do regresso nos leva, sempre, ao encontro das sementes do futuro. A chave poderá estar num ensaio assinado por Fernando Pessoa em 1912 (e, que se saiba, nunca negado nos seus fundamentos, apesar de serem frequentes as contradições e paradoxos neste poeta, porque, para ele, só quem diz tudo e o seu contrário tem sempre razão...). Foi publicado na segunda série da revista *A Águia*, entre Setembro e Dezembro desse ano, intitulando-se "*A nova poesia portuguesa no seu aspecto psicológico*"[4].

Interessa menos, passados que foram mais de cem anos, em que autores foca a sua atenção o filósofo-poeta. No momento presente da nossa vida cultural interessa, sobretudo, atentar na proposta lançada ao nosso país e ao mundo. Não é este o lugar apropriado para explanar tudo quanto afirmou. Desejo tão só exprimir o quanto o mapa de assunção/ascensão se sublinha hoje como exemplo e proposta a ler, meditar e aplicar, de modo a estruturar uma via/escada transfigurada e transfiguradora, que permita à poesia (portuguesa, mas não só) escapar ao beco-sem-saída em que se encontra e onde chegou,

---

[4] Este artigo é o culminar de um tríptico constituído por mais dois artigos, anteriores: "A nova poesia portuguesa sociologicamente considerada" (*A Águia*, nº 4, 2ª série, Abril de 1912) e "Reincidindo" (*A Águia*, nº 5, 2ª série, Maio de 1912).

depois de dissociar materialização e espiritualização, objectividade e subjectividade, profundidade e altitude, alma e corpo, físico e metafísico, Natureza e Espírito.

Tirando meia-dúzia de abencerragens, na poesia mais recente vem-se seguindo uma senda *diabólica* (uso etimologicamente a palavra, que significa *divisão*, *separação*), em detrimento de um caminho *simbólico* (de *união* ou *religação*). Daí a sua erosão, a sua previsibilidade, o seu ramerrame...

Se entendermos a "*nova poesia portuguesa*" de 1912 como um mapa que merece ser seguido agora e no futuro, teremos de arriscar uma demanda artística e verbal que conduza, em simultâneo, ao "*vago*", ao "*subtil*" e ao "*complexo*". A poesia de que precisamos é, segundo Pessoa, a da "*alma*" e a do "*concreto*", ou seja, a que é ao mesmo tempo "*objectiva e subjectiva*", interseccionando síntese e análise. Objectiva, conseguirá ser nítida, plástica e imaginativa. Subjectiva, será vaga, subtil e complexa – "*espiritualmente complexa*". Será uma poesia de equilíbrio entre a "*plena e inigualada subjectividade*" e a "*quase-total objectividade*", onde ocorrerá a espiritualização do natural e a materialização do espírito; uma expressão onde se encontrará, sobretudo, uma "*poesia metafísica*", no âmbito daquilo a que Pessoa chama "*transcendentalismo panteísta*", que resultará numa "*religiosidade nova*", com consequências também políticas e sociais. Como explicou em 1913 a Jaime Cortesão, para que tudo seja conseguido é necessária sobretudo uma perfeita *"construção"* (*"a organicidade de um poema, aquilo que nos dá, ao lê-lo, a impressão de que ele é um todo vivo, um todo composto de partes, e não simplesmente partes compondo um todo"*). Raro e difícil de atingir, essa edificação confere *"dinamismo"* à estaticidade da Natureza (*"complexo* contemplar") e do Espírito (*"subtil* contemplar-se"), evitando a sua falência enquanto texto artístico, ou seja, enquanto artefacto.

Não me parece despropositado considerar que essa poesia futura, antevista por Pessoa, é em simultâneo *míxtica*[5] (de natureza compósita, mista, estereoscópica e caleidoscópica) e *mística* (integrando o mistério, o segredo, o sobrenatural, o religioso, o sagrado e o divino, sem excluir a imanência). Dalila Pereira da Costa sabia bem quanto dizia ao escrever sobre os textos do autor d' *O Marinheiro* e ao propor uma *"Poesia Transumana"* (*"O acto de criação da poesia, assumida como poiésis, é um acto de refazer o mundo [...]"*), na qual a linguagem *"nada terá de comum com a quotidiana por si empregue em suas relações humanas; daí também seu carácter não-pragmático e comum de relação, não praticamente partilhável. Toda a vera poesia é um 'trobar clus' [...]"*.

---

[5] Uso de propósito uma ortografia antiga da palavra.

*

Para chegar a esse ponto, de acesso difícil, é preciso colocar em patamares diferentes a *existência* e a *vida*, traçar uma poesia activa e contemplativa (transformadora do homem nos actos e nos pensamentos) que passe pela via simbólica (religadora, unitiva, reunindo o distinto, o afastado, o disperso) e pela via etimológica (na procura da verdade da Palavra nas palavras). Para ultrapassar os impasses da poesia iniciada na segunda metade do século XIX – aquela que continua a procriar nos nossos dias, em formas falsamente *pós-modernas* que mais não são do que uma manifestação rebarbativa da *ciência em crise* que antecede o estabelecimento de um novo paradigma –, parece-me importante a resolução do "*desencontro*" entre Rimbaud e as potências da fé, reivindicado por "*toda a poesia moderna [...] como consciente, orgulhoso ponto de partida*", segundo afirmou Cesariny. Será necessário retomar o caminho de encontro, sem no entanto contemporizar com quaisquer tentativas dissociativas, que pretendam instituir um fideísmo acrítico ou, pelo contrário, com formas degeneradas de religiosidade, que mais não são do que filantropia ou pechisbeque.

Talvez valha a pena tentar seguir, como peregrinos[6], a via proposta por Fernando Pessoa: escreviver uma *poesia mística* (disposta a forçar as nuvens do mistério, no equilíbrio entre imanência e transcendência) e *míxtica* (associando o natural ao sobrenatural, ao preternatural e ao transnatural) que trace o triângulo onde se interrelacionam o "*vago*", o "*subtil*" e o "*complexo*" ou, dito de outro modo, onde se entrançam a "*poesia objectiva*", a "*poesia metafísica*" e a "*poesia impressiva*". Será não apenas uma poesia de coexistências (de que já existem muitos e bons exemplos por esse mundo fora), mas de convivência – ou seja, de fusão ou síntese. Será, assim, uma poesia completa e complexa, cuja leitura permitirá, além da letra, uma apreensão transfigurante dos seus sentidos alegórico, moral/social e, sobretudo, anagógico. *Omnia in unum* – mas sem mediocridades ou ingenuidades de forma, pensamento, aceitação e/ou acção, que uma poesia *míxtica* não é sinónimo de uma estética epigonal, previsível ou bolorenta e, muito menos, de um caminho em que tudo se aceita porque nada se valoriza.

Nessa senda, tão necessária na época crítica em que existimos[7], será importante a recuperação e decisivo o

---

[6] Recordo que o *peregrinus* é, na origem latina, o estrangeiro, o noviço, o inexperiente.

[7] Será uma espécie de antídoto contra a sedução/dissolução materialista, que pretende instituir a alienação, a penúria humana e a submissão de toda a criação a Mamon – esse demónio do dinheiro (e do

ressurgimento de uma poesia que não tenha medo da *via negativa*, de entrar pela incerteza de "*um caminho de não-saber que conduz a um confronto com aquele ser para além do ser ou, melhor, que coloca o paradoxo de ser para além de si próprio*", que ultrapasse "*necessariamente os limites da linguagem*", numa "*prática poética que se esforce por dizer o indizível*" – como escreveu o surrealista americano Andrew Joron na senda de Philip Lamantia.

*

Para se dizer o indizível, é preciso compreender e integrar a tensão expressiva existente entre o *effabilis* e o *ineffabilis*. Num paradoxo expansivo, origina um recontro e uma colisão que produzem uma explosão verbal geradora de uma energia cuja propagação exige o equilíbrio funâmbulo entre as duas pulsões. O risco de erosão ou de submersão do texto poético é assim enorme. Se se deixa infestar pela narração, pela descrição ou pela argumentação, mesmo mantendo-se em verso ou continuando revestido pelas roupagens (dispensáveis) habitualmente identificadas com a aparência do poema,

---

sucesso?) que já transformou o ócio em lazer, como disse e bem António Guerreiro, retirando em grande parte ao Homem a capacidade autónoma de instituir o vazio na sua existência. Sabemos que, sem vazio, não há acolhimento da imanência e, muito menos, da transcendência.

ficará aquém da poesia. Se não resiste a uma dissolução da palavra, enquanto entidade autónoma e polissémica, dará origem a outras linguagens expressivas que até poderão ser arte convulsiva, mas estarão fora, além, da arte verbal.

"*Dizer o indizível*" não obriga, quanto a mim, a que a poesia seja a expressão do inefável. Confrontando-se com o *ineffabilis*, a poesia gera o *effabilis*. A fala e a escrita nascem porque antes houve um rompimento, uma fuga e um voo que permitiram uma abertura total (das palavras). Na efabilidade há, assim, emersão, germinação e erupção – o nascimento do sentido – que se concretizam no conto, no anúncio, na predição, mas também na celebração, no canto e na profecia[8]. Para se tornar *poiésis* e não apenas *mimésis*, o texto arquitectado precisa contudo – numa sucessão de sístoles e diástoles – de imergir, de se recolher, de voltar ao lugar subterrâneo ou supraterrâneo de onde proveio. Dito de outro modo, a poesia inteira tanto é "*memória excessiva*", anamnese, como defendeu Silvina Rodrigues Lopes, quando amnésia ou memória deficitária, como propôs Dalila Pereira da Costa. Colocar a tónica num dos

---

[8] Não me parece inútil compreender que, sendo *ineffabilis* (o inexprimível) o antónimo de *effabilis* (o dizível), tais vocábulos provêm do verbo *effor* (falar, dizer, contar, anunciar, predizer) ou, mais profundamente, de *for* (falar, dizer, anunciar, celebrar, cantar, predizer, profetizar). As suas raízes são semitas: *pr* (romper, fugir, voar) e *por* (abrir, escancarar). Entender esta genealogia ajuda a ler o cerne da poesia.

pólos da tensão será sempre despoetizar, desligar, esquecendo que a poesia, no seu mais alto grau, é sempre equilíbrio religador. Se estivermos atentos às suas raízes, a toda a sua antiquíssima estrutura arborescente e não apenas aos seus frutos hodiernos (ainda que sedutores, apesar de pouco ou nada inventivos), a poesia rompe mas também se recolhe, foge mas também regressa, voa mas também poisa, abre mas também fecha, desvela mas também vela. Exprime, mas também cala. Mostra mas também oculta. Daí que seja – ou deva ser, como foi nas suas mais importantes expressões ao longo de séculos – imitação e imaginação, representação e apresentação, memória e esquecimento, evocação e invocação, conhecimento e ignorância. Não dispensa o silêncio nem a comunicação. Acolhe o manifesto e o oculto, o sensível e o supra-sensível, o natural e o sobrenatural, o consciente e o inconsciente – fugindo de uma coexistência descolada para se aproximar de uma vivência míxtica, ligada, mutuamente contaminada e contraminada. O terceiro termo, aquele que salva ultrapassando o dualismo redutor, chama-se palavra (que se faz Verbo, *lógos*, porque do Verbo proveio, com a sua acção e pensamento), uma experiência da linguagem ou, melhor dizendo, o usufruto experimental da linguagem, procurando nela lugares incomuns.

Se a ausência é, como referiu Foucault, o campo primeiro de onde cresce o discurso, a poesia vive num trânsito incessante entre o peso da lembrança e a leveza de um esquecimento que força a criação imaginante. No limite, a memória insuportável ou terrível conduz ao recalcamento, à ocultação, ao segredo. O esquecimento, finisterra, permite por seu lado a visão, o êxtase, o sagrado. Se *segredo* e *sagrado* são vocábulos da mesma família, na arte parecem coincidir: o esquecimento exigido por uma memória excessiva, que pode levar à loucura, torna possível a dissolução das imagens terrestres do passado, sem a qual nunca se poderia imaginar, ou seja, criar ou receber visões novas, surpreendentes e redentoras. Em qualquer dos movimentos, há uma reacção à estranheza do inferior ou do superior. O discurso daí nascido será tanto mais poético quanto maior for o afastamento da *mimésis*. Rejeita-se, assim, a *"pressão da sociedade"*, logo, uma *"linguagem repetitiva e imitativa, a que se cinge a maioria dos falantes"* para assumir *"a linguagem generativa, que se manifesta nas crianças, nos artistas e nos pensadores"*, como sinalizou Álvaro Ribeiro concordando com Chomsky.

Se *"a memória é indissociável do lugar"* e a *"Entropia é o nome para Cronos"*, como escreveu António Telmo, então a poesia, sem perder a *"razão animada"* (expressão possível da *"razão pura"*) consiste numa tripla libertação: libertação da pressão social sobre a linguagem, criando um discurso singular, sem imitação dos usos circunstanciais da palavra; libertação do lugar, gerando um texto universal e, até, utópico, quase sem referências; e libertação do tempo, propondo ao leitor uma tessitura intemporal. Só desse modo será invenção – descoberta, encontro, trova[9]. Há obras na arte verbal de todos os tempos a comprovar que é possível chegar a essa meta tão exigente. Descobre-se, assim, a árvore que cresce *"do alto para o abismo"*, percebendo que é preciso semear, regar e podar essoutra que, num movimento inverso, há-de regressar aos mais altos cimos, como bem viu António Telmo. Dizendo de outro modo e revertendo: chegados a esse ponto, aceita-se, compreende-se e acciona-se o inefável que desce para se poder criar e escrever o dizível, usando um discurso que sendo incomum nunca será irracional.

Não há, assim, poeta verdadeiro que não seja, ao mesmo tempo, investigador e hermeneuta. Sabemos, por Heraclito, que *"o oráculo [...] não diz nem oculta, porém assinala"*. Daqui nasce o paradoxo do inefável que cria o dizível, se quem escreve (e faz arte) for capaz de aceitar a incomunidade, de rejeitar a repetição e de criar agindo e usando o verbo.

---

[9] Lembro que *trovar* é uma tradução do verbo francês *trouver*.

*

Assim sendo, parece-me decisivo reavivar, nos interstícios destes princípios, o valor prospectivo de uma *"poesia espontânea e imperfeita"*, *"fuga desordenada e criadora [...] visando um fim sobrenatural"*, onde *"a nuvem e o relâmpago [vão] fecundando e iluminando o mundo"*, como escreveu Teixeira de Pascoaes. Essa poesia vital imaterializa as palavras como força progressiva de esperança, de futuro, segundo defendeu o poeta d' *O Bailado*. Opõe-se a uma *"poesia culta e perfeita"*, dotada de um *"equilíbrio estático"*, que mais não é do que uma expressão do movimento regressivo, depressivo, definidor e fixador da Lembrança e do passado.

Convém recordar que nessa via unitiva – onde se admite uma irradiação de formas, do discursivo ao anti-discursivo – se pretenderá sempre atingir a universalidade da palavra poética, na sua significação além da expressividade e das circunstâncias, na sua liberdade e independência face às coisas e ao tempo histórico-social, na sua subsistência, na sua instável abstracção, na sua constante recriação. Sigo Ruy Belo, que lhe chamava *"palavra de encruzilhada"*; tem uma expressividade superior que nada recusa:

"É significativa porque é livre, com uma liberdade que a torna fim de si própria. Não está amarrada a conceito nenhum. Recusa-se a ser útil, a servir. É independente de tudo o que leve consigo o compromisso de apontar para alguma coisa [...]. E, no entanto, é expressiva. É memória de um caso humano. É ela própria conteúdo vivo. Luta contra o tempo, vence-o, e, não obstante, a cada passo morre [...]."

Lembro que a encruzilhada, ou seja, a cruz espacial, é um símbolo totalizante, de união expansiva dos contrários no paradoxo e na contradição. Só nesse cruzamento, só por esses caminhos, ou por outros semelhantes, nascerão a vontade e a capacidade de aceitar o terrestre enquanto emanação e de rejeitar o mundo e os seus códigos enquanto servidão. Nunca esquecendo que esse itinerário de estranhamento/peregrinação e de *"desregramento de todos os sentidos"* (Rimbaud) levará, se as consequências forem assumidas sem preconceitos, ao secreto, ao sagrado e, sobretudo, ao divino – logo, à *metanóia* –, sejamos nós descrentes, crentes ou apenas sujeitos de uma demanda, à procura de um encontro que ainda não se ofereceu.

Aljezur, Agosto de 2014.

26

José do Carmo Francisco

José do Carmo Francisco nasceu em Santa Catarina (Caldas da Rainha) em 1951. Poeta, jornalista e crítico literário, é autor das seguintes obras: *Iniciais* (1981); *Universário* (1982); *Transporte Sentimental* (1987); Jogos Olímpicos (1988); *1983 - Um Resumo* (1991); *Leme de Luz* (1993); *Mesa dos Extravagantes* (1997); *As Emboscadas do Esquecimento* (1999); *De súbito* (2001); *Os Guarda-redes Morrem ao Domingo* (2002); *O Saco do Adeus* (2003); *Mansões Abandonadas* (2007) e *As palavras em Jogo* (2010). Organizou ainda as antologias *O Trabalho - Antologia Poética* (1985, Sindicato dos Bancários do Sul e Ilhas/Norte/Centro) e *O Desporto na Poesia Portuguesa* (1989, Sindicato dos Bancários do Sul e Ilhas).

As Casas de Blackheath Park

São todas de madeira e de vidro
As casas de Blackheath Park
A outra metade é feita de tijolos
Tristes porque são todos iguais
Na sua tão repetida monotonia

À volta da avenida fica o arvoredo
Antigo como as casas dos guardas
Lembra um velho tempo de quintas
Com cavalos e carroças no mercado
Hoje só recordado aos domingos

Esquilos nos ramos, corvos na relva
De noite raposas fogem assustadas
Dos poucos táxis a circular na rua
Na escuridão fria da noite inglesa
À hora dos comboios mais raros

Envolvido nas rotinas das escolas
Levo na mão o meu neto de manhã
E vou buscá-lo perto do meio-dia
Pego na pasta azul com o seu nome
E levo o saco da fruta que ele espera

Todos os dias trocam o livro da mala
São elefantes, borboletas e ovelhas
Entram na floresta que eu lhe conto
E tremem de medo dos monstros
Como eu tremo de medo da doença

São todas de madeira e de vidro
As casas de Blackheath Park
Frágeis perante a neve a chegar
Tal como eu frente ao pâncreas
Que de súbito há-de ficar cansado

Tudo é intenso e frágil nos dedos
Maneira de eu dizer adeus à vida
Todos os momentos são preciosos
Para que o meu neto me lembre
E não se esqueça de me recordar

Fala de Carlos Pato a Alves Redol 60 anos depois

Não morri. Sei que vai sair um pequeno livro
com os meus três contos por si guardados.
Em Vila Franca pouca gente sabe do assunto
mas em breve esse livro de contos vai esgotar.
Continuo nas histórias breves que escrevi
e no seu pequeno prefácio onde me recorda.
Sou o Bairro, sou a Charneca, sou a Lezíria
e os sonhos dos meus dois filhos por sonhar.

Não morri. Continuo no olhar dos meus filhos
Clara bebé e João Carlos que não cheguei a ver.
No olhar e nos sonhos por mim transmitidos
entre o rio de Santa Sofia e o Largo do Serrado.
Ainda hoje, tantos anos depois, sobeja azeite
no aroma intenso que se espalha pelas ruas.
Vem das várias carroças, das raras camionetas
das ceiras onde as azeitonas foram prensadas.

Não morri. Aprendeu comigo a ler e a escrever
o chauffeur de praça que levou Clara a Peniche.
Meu irmão Octávio tinha então visitas breves
e a viagem era tão longa por estradas velhas.
Não queria já receber o dinheiro esse rapaz
mas Clara insistiu sempre pelo pagamento.

Também lhe ensinei à noite a não misturar
os seus deveres e as influências sentimentais.

Não morri. No Bairro, na Charneca e na Lezíria
vi mulheres que não tinham tempo para cantar.
Os sonhos dos engraxadores na estação da CP.
entram no meu conto breve do livro pequeno.
Todos os outros protagonistas saem de manhã
e vendem o seu trabalho no campo à semana.
O vento pampeiro penetra veloz entre as telhas
e sacode o sono leve dos ranchos dos gaibéus.

Não morri. Nas ruas escuras da Bica do Chinelo
corre ainda hoje um forte rumor de esperança.
Passam cavaleiros a caminho das Cachoeiras
e não há ainda as camionetas para a Arruda.
Gerações sucessivas trabalham uma memória
que há nos prelos das tipografias clandestinas.
No nome dos meus filhos Clara e João Carlos
se multiplica o inventário dos meus sonhos.

Fado Feira da Cebola

Na Feira da Cebola em Setembro
Em Rio Maior, férias da Escola
O avô compra o sal de Dezembro
Os cegos cantam por uma esmola

Cabos de cebola de Alvorninha
Atraem o olhar de toda a gente
Às vezes vem a chuva miudinha
Sob o carro de bois é diferente

Eu durmo na manta aconchegado
A chuva só molha os animais
Havia roubos na feira de gado
Batiam nos ladrões com os varais

Fechada a estrada a fardos de palha
Passam os ciclistas num pelotão
A gente parecia uma muralha
Empurrava homens com o coração

(#6 – 2010)

Ricardo Gil Soeiro

Ricardo Gil Soeiro (n. 1981) é ensaísta, poeta, doutorado em Estudos de Literatura e investigador do Centro de Estudos Comparatistas da Faculdade de Letras da Universidade de Lisboa. Tem poemas publicados em revistas como revista Criatura, revista Desassossego e revista Autor. Publicou os seguintes livros de poesia: *O Alfabeto dos Astros* (2010); *Caligraphia do Espanto* (2012); *Espera Vigilante* (2011); *Labor Inquieto* (2011); *Constelações do Coração* (2011); *Plenitude das Sombras* (2011); *Da Vida das Marionetas* (2012) e *Bartlebys Reunidos* (2013). Em 2012, veio a lume a antologia poética *L'apprendista di Enigmi*, traduzida para o italiano (Roma, Aracne editrice).

Rumor Imperceptível

a ser verdade,
sentirei inveja desta tarde amável e aprazível.

com traço sigiloso desenhas o sorriso brando
e em dois lances de génio revelas a tua caligrafia
escondida.
de abismos enxutos e com cieiro nos lábios de esponja,
reclamas a mensagem extraviada.
ainda mal o poema se aproxima do seu termo,
já se reivindica ser íntimo o equívoco?

apostaria a engrenagem silenciosa desta mágoa de verão
e o imperceptível ruído da brisa
em como a boleia opaca dos espelhos
perdeu a destreza das histórias.
dás-me um conselho de borla:
evita a poesia e o cheiro a naftalina,

as vísceras estão expostas, fumegando em directo
tudo isto é sem amargura que existe
a mansidão do tempo,
a torre de tübingen com a sua loucura precipitada para o
rio,
aguardando a véspera de uma qualquer alegria,
hyperion contemplando os dias escandidos,

a ser verdade,

verei rostos que murcham

e sentirei inveja do pouco talento da tarde que se afoga.

O Que me Tenta

dante, montale, proust
e nem um pouco de ponge me tentam;
a nostalgia supérflua deste caminho abandonado,
a delicadeza deste diário sem ternura
ou o brilho da primeira voz,
redigindo as suas cartas desavindas,
esses sim me dizem alguma coisa sobre
a terra que enrouquece sob a noite costurada;
esse largo gesto inoportuno de traçar a morte,
e onde cabe o mundo e uma magnólia em rascunho,
pouco me fascina:
é certo que, à beira de rasgar o tempo,
algures se ergue o olhar aflito perante o peso da jornada,
mas procuro, ainda assim,
manter-me desatento às odes forasteiras,
adormecendo a minha indiferença antes de uma bica
improvável
e mastigando um serão no sofá incerto do destino.

Outros Desenlaces

choviam outros desenlaces
e fomos ver, apressando uma partida inefável.
por muito menos presumi ser mero traço sem ontologia
que me valha.

o trautear do último cigarro e a inexactidão dos
transeuntes
tudo vale no raiar da aurora, migrações declinadas,
reverberações de uma súbita voz anoitecendo

chovia nos tímpanos rasgados
(estou atrasado para o nosso encontro: envio um sms a
avisar),
e a inviolável felicidade é permitir a imperfeição do
tempo.

chove nas desilusões interrompidas:
e ambos sabemos que os poemas nunca mentem,
habitam esse futuro incerto
onde o nascer ilumina ininterruptamente o sangue do
dia.

Teoria Literária

sem teoria literária,

vou perfeitamente a tempo de salvar o dia:

de bom grado, trocaria este verso por um vinco de dócil

plenitude.

mas não sei se o que oiço é um canto, um nome ou uma

lágrima: tu me dirás

acordei portanto sem amor para o mistério

no rescaldo da jornada

o romper da dor é sempre uma paisagem ferida

quantos desgostos pode a pele?

e pois tudo terá já sido dito,

diz-me tu qual é a alcunha deste medo

e se principiará a fragilidade da musa

amanhã não haverá paragem seguinte

é imenso ser refúgio

e nada me servirá de desculpa

nem o gesticular dos talheres a meio caminho da tristeza

nem as olheiras fingindo dois minutos de retrato

ficámos a sós com este surpreendente prenúncio

por teimosia amei o verso e a mágoa em proporções em

tudo semelhantes

As Sobras da Solidão

a Elisabete Marques

meu amor,
esse rumor talvez seja um fogo a querer voar;
de costas para o mar, anoitecendo a partida,
só me resta agora um horizonte para dar,
e é tudo

a feroz sombra do vento transparente,
esculpida em água e mordendo a solidão,
diz-me que no coração do dia tudo canta ainda
um só grito bastaria
para coroar o sol húmido da primeira chuva inefável

onde a beleza se demora vagarosamente,
como se tivesse dado a beber o sublime até ao fim do
alvorecer
digo amo-te
e tudo permanece enlaçado à pele do chão,
sangrando nos pulsos do silêncio

sem cessar olhando os fios das lágrimas,
espuma branca do adeus,
procuro mas não sei de que lado afluem

as inumeráveis harmonias do mundo
um dia confidenciar-me-ás o trilho de volta da morte

e eu de mão alada caminhando sobre as águas,
preso no intervalo da colina,
de tanto me doer a alegria do que resta,
segredo-te apenas um derradeiro abismo
e ensino-te como se dá a invenção do sopro

(#6 – 2010)

Jibanananda Das

Jibanananda Das (1899 – 1954), um dos maiores poetas do sub-continente indiano, nasceu em Barisal (no actual Bangladesh), licenciou-se em Literatura Inglesa da Universidade de Calcutá e leccionou em várias faculdades em Calcutá, Delhi e na sua cidade natal. A primeira colectânea de poemas, *Jhara Palak* (Penas Caídas), foi publicada em 1927. As suas obras mais conhecidas são *Banalata Sen* (1942) e *Rupasi Bangla* (Linda Bengala, escrito em 1934 e publicado postumamente em 1957).

~

Rita Ray, nascida em 1965 em Kolkata, Índia, é uma bengali lusitanista. Mestre em Inglês pela Universidade de Jadavpur em Kolkata, a sua tese de doutoramento constitui um estudo comparado da poesia de Fernando Pessoa, T.S. Eliot e Sain-John Perse. Traduziu obras de Fernando Pessoa, Mário de Sá Carneiro, Jorge de Sena e Manuel da Fonseca para Bengali e *Os Poemas Escritos na Índia* de Cecília Meireles para Inglês. É docente de Português pelo Camões IP na Universidade de Jadavpur.

| Selecção de poemas, nota biográfica e tradução do Bengali por Rita Ray

Banalata Sen de Natore

Por milhares de anos passeio pelas ruas da terra,
Desde o mar do Ceilão até ao mar de Malaia na
escuridão da noite
Percorri muito; no mundo obscuro de Bimbisara e de
Axocá
Ali estava eu; na escuridão mais longínqua da cidade de
Bidarva;
Sou uma alma cansada, rodeada pelo mar espumante da
vida,
A única paz que conheci foi com Banalata Sen de
Natore.

O seu cabelo é escuro como a noite de Bidixá
antiquíssima,
A sua cara a escultura de Sravasti; o marinheiro que
Está desviado no mar alto com o leme quebrado
Quando ele vê uma terra de erva verde no meio da ilha
de canela
Foi assim que a vi na escuridão; ela disse "onde esteve
este tempo todo?"
Levantando os olhos como o ninho de aves, Banalata
Sen de Natore.

Ao fim do dia vem a noite
como o som de orvalho; a águia apaga o cheiro do sol

das suas asas

Quando se apagam as cores todas da terra então se forja

um manuscrito

de contos reluzentes com as cores de pirilampos;

Os pássaros todos voltam a casa – desaguam os rios

todos no mar – acabam os negócios todos desta vida

Resta apenas a escuridão para ficar frente a frente com

Banalata Sen.

Uma Estranha Escuridão...

Uma estranha escuridão desceu hoje nesta terra
Os cegos vêem mais claramente;
Os que não são comovidos por amor, nem por amizade,
nem por misericórdia
O mundo fica desamparado sem o bom conselho deles.
Os que ainda têm fé na humanidade
Os que ainda consideram como natural
A grande verdade ou os costumes, ou as artes, ou a
entrega
O coração deles hoje faz alimento dos abutres e das
raposas.

A Laranja

Uma vez que eu sair deste corpo
Nunca hei-de voltar a esta terra?
Oxalá eu volte
Numa noite de Inverno
Com a polpa gelada e lastimável duma laranja
Na mesa-de-cabeceira dalgum doente que eu conhecia.

Cidade

Alma minha, viste muitas grandes cidades;

Os tijolos e o almofariz, as palavras e os trabalhos

E as esperanças, os terríveis olhos perdidos de

desespero daquelas cidades

Tornaram-se em cinzas no desgosto da minha mente.

Todavia vi o nascer do sol na beira da imensa nuvem da

cidade;

Vi o sol na outra margem do rio do porto

Tem o feixe como o do camponês amante na terra cor-

de-laranja das nuvens;

Vi as estrelas por cima das luzes da cidade

Estão em voo para um mar austral qual multidão de

patos selvagens.

(#5 – 2009)

José Maria de Aguiar Carreiro

Nasceu no concelho de Nordeste da ilha de São Miguel, a 20 de Junho de 1970. Cursou Línguas e Literaturas Modernas (variante de Estudos Portugueses) na Faculdade de Letras da Universidade de Lisboa. Vive na cidade de Ponta Delgada, onde exerce a profissão de professor do Ensino Secundário. Em 2005 publicou, em edição de autor, o seu primeiro livro de poesia, *Chuva de Época*. Mantém uma página electrónica de autor intitulada Folha de Poesia.

Imagem

Há um sonho desfeito a rasurar a noite
Acarta as pedras e morre sobre a polidez
Das coisas.
Há um gosto mineral vogando
A permitir que ao retirar a tampa
Todos rejubilemos.

Faremos festa. O ícone desfere,
Retumbe enorme e grosso. Sonhamos.
Oh meu bem, os dias percutem tremendos.

Uma fenda, um ícone rilkeano.
Um tremendo bocejo até aos ossos dos pés.
Meu bem, sigam eles e actuem
Tão interiores arrebatados fazem promessas
A dia com exemplos, líricos.

Um Lume Destroçando a Visão

Gostara do falatório, aquele límpido discorrer de graças
Dos ditames da meia idade
Mas eu já não estava ali, no canto desperdiçado de uma
casa.
Quis comemorar um sentimento igual, desejo límpido
não rasurado
E trazer igual o desejo de outras épocas.
Poderia ler o dia, a luz aberta a cozinhar durante horas
O vago violoncelo que toca em tua e minha memória
comum
Diria também as palavras que se repetem em espaços
por corpos idênticos
E que afastados refazem o tempo inoperante.
Na boca o corpo demora-se em latitude distante
Por claustros, sorrisos solapados
Parecendo comerciar o ralhar dos melros
Mas disso não faria um joguete, um lardear de pívias
A porta aberta para fugir.
Onde o lugar das calças, das camisas?
Trova para esses momentos desabitados.
Eu brinco, ando pela casa, olho tudo finitamente
Eliminando a grande altitude o uivar do lobo.
Tudo o que é previsível está aqui como peça de
mobiliário
Erradamente

Abortando a luz de deus com um arame de siso, riso, mijo.

Estendo horizontalmente o deus verde

Cubro de vómito de cantador

O efeito de dejectar o que já não importa

Cubro com pastel o que outrora foi lançado à germinação.

Eu quero um lume destroçando a minha visão.

Bicho da Terra

para Miguel Torga

"Nada há de permanente debaixo do sol"
(Eclesiastes)

Sei do condão da mente e do condão da carne
Sobre a mente. O sexo tangível da idade.
Eu sou a veloz condução dos congéneres bichos
Que são da terra, que se agitam nos telhados
E desviam nossos olhares para lá das paredes sujas.
Atrevo e atiro para o chão as trevas e as glórias altas
Faço e desfaço altos silos, combatentes reprogramações
–
Partes de um mesmo todo indefinido e inteligente?
Tudo é aluído na terra e será conforme a dor.
Modulo no vazio. Nem uma lápide, um livro ou uma
oração
Perdurarão no tempo.
É limitada a rede com que um homem se diz
E, no entanto, deseja
Cortada rede com que principia
Cortados fios que tece.
Deixarei estas palavras na crueza do corpo
Num amplo quarto de um manicómio ou de uma prisão.

O Fraco Momento da Vida

Pode um homem querer mais do que é
Ou apenas abarcar o prazer momentâneo
Imaginar o belo, o infinito

Pode um homem supor ser desejado por alguém
Tão igual ao desejo que nem se aperceba da figura
Do olhar e das palavras de uma casa que não é a sua.
Como olhar-se ao espelho, ver a pele envelhecida e dizer
sou eu
Quando estão as sensações fora do alcance da pele
Dir-se-á velho? velho
Que palavras inventará para esconder as falhas da carne
O bloqueio do desejo pela mente cansada
Augura ele uma decrépita e eterna valia?

(#1 – 2007)

Alves Bento Belisário

Alves Bento Belisário é pseudónimo de Manuel Joaquim Moreira Bento. Nascido a 18 de Janeiro de 1969 na Freguesia de Medas, Concelho de Gondomar, Manuel Joaquim Moreira Bento é professor de Filosofia e licenciado pela Faculdade de Letras da Universidade do Porto. É autor de *Inquietudes* (2005).

Aberto um livro
Trago à cabeceira;
Não sei se o abrace,
Se o queira.

Bordam-me teias de sonho
E fios de magma.
Um deserto em lama,
Dolo a que resisto mas nada oponho.

Morre-se demoradamente

E de morte assaz lenta

Pendurados em manhãs

Sem livros e enxuto leite...

E é ter como único e sério deleite

O cúmplice perfume a rosas e hortelãs

Da sexualidade com pétalas e desatenta

Às palavras que a embriaguez lasciva não consente.

Morre-se demoradamente

E de morte assaz lenta

Sentados em crepúsculos de areia,

Condenados ao esquecimento atroz

Dos pulsares que não usam palavras ou voz...

A palavra em sua ramificada teia

Tudo acolhe, mas nada sustenta.

O sol dos beijos a noite perpassa de vermelho quente.

As lágrimas
do mundo
são todas
pertença
minha...

O corpo
de uma flor
tem mais
recantos de
humanidade
que todos
os homens
do mundo...

Os minutos em linha
São retalhos de prostituição
Que tudo desmascara e vence.
A vida em mim e que é minha
É vida que trago e que não
Me pertence.

E contudo eu amo
E dou-me e inflamo...
E se penso
Sou denso,
E vivo e revivo
E sou cativo...
E crio e sonho
E sou medonho
E frio e fundo
E sangue do mundo.

(#2 – 2007)

Doem-me os mil lares sonhados...

De todos eles tomo as feridas no regaço.

P'los poros da minha pele seus traços desenhados,

Minha casa é feita de sexo de campos e flores em incestuoso laço...

Feita de pérolas de sol e árvores grávidas de sémen de todas as cores;

De pétalas de água e fragas e vento com maio embriagado de azul devasso...

E de pólen de pássaros e bichos incendiados em orgias de mil odores...

Doem-me os mil lares sonhados... O sangue de todos é meu passo...

Tenho-me cobardemente esquecido...

Toda a afectividade começa e acaba

Nos muros da nossa própria pele;

A ponte que vai de mim até ao outro

Tem a medida desmedida do infinito.

O outro é tão só e sempre um outro não eu...

Circuncisão e pretérito mais que imperfeito...

Se vivo vivo todo e sempre cada dia

Que passa à sombra de janela fechada

Agrilhoado ao sangue que carrego dentro

Das minhas próprias e solitárias veias.

Antinomia... corda de ligação... máscara de toque de mão...

Embarque num sol de asa em cadente balancé

Entre esta inexorável condição de só

E estes ossos encharcados de solidão própria.

Cobardemente me tenho esquecido...

(#4 – 2008)

Faz-se de águas e de Saudade

Faz-se de águas e de saudade
O coração que em verdade
tudo espelha e clama.

Vida tecida com fios de silêncio
Em flama nos olhos vergados
Da moça tocada no peito.

É sangue haver e querer olhar
O mundo e ver. E ver esbater-se
O verbo na madrugada do sossego
Dos seios das virgens.

(2000)

Amo a Vida Odiosamente

Amo a vida odiosamente.
Amo-a amante aquela
que das amantes a mais bela
por ela mesmo amor não sente.
Quero-a me querendo.
Odeio-a me odiando.
E é um ter-lhe ódio a mim amando.
E é ter-lhe amor ódio me tendo.

(2003)

As Labaredas

As labaredas de um beijo
Tocam e deixam em brasa
Do menino o desejo
Embrionário de ter uma casa,
Uma morada, um abrigo...
Um tecto com contornos de asa
Busco buscar e persigo.

(2006)

(#6 – 2010)

Rui Tinoco

Rui Tinoco, psicólogo bracarense, nascido em 1971, a viver no Porto, dispersou vários poemas e outros textos literários em diversas revistas materiais e eletrónicas. Publicou os livros de poesia *O Segundo Aceno* (2011) e *Era Uma Vez o Branco* (2013). Mantém os blogues Ladrão de Torradas e Psicologia, Saúde & Comunidade.

A terra fria
parece reflectir
o negrume.
Vejo outra vez
as sementes
todas mortas.
Os seus segredos
foram derramados
no vazio.
Sinto
A tristeza muda
desta noite
e o meu coração
inclina-se
para um lado.

Volto para cantar nos mesmos lugares

numa obsessão inadiável e urgente

que faz repetir-me

e ver-me de muitos lugares até à exaustão.

Em mim, as minhas histórias

estão sempre a mover-se.

Às vezes parece que é o seu devir,

a sua necessidade de sangue,

que me obriga a certas palavras e gestos

e àquelas noites compridas, mas velozes,

injectadas de dor e de amor

gravadas para sempre na memória

e depois na minha caneta.

Inspiro vida, aquela velha capacidade de arder

nos ossos até ao fundo,

de abraçar com igual entrega o amor

a dor e o ódio,

pois uma pessoa que já confundiu o seu corpo no meu,

nunca, jamais, conseguirá ser-me indiferente.

Uma lâmina de fogo
para cortar o Amor
em duas partes.
O que sobra dessa divisão?
As minhas mãos
infinitamente sós e vazias
e a boca que morde
os seus próprios sonhos,
espalhando sangue
- sangue vermelho –
sobre as partes do corpo
com que vos faço sinais:
Bom Dia
Boa Noite
Até À Vista.
As palavras vazias
com que cruzamos
os dias.

Afias
o meu sentido
de seta.
É nessa agulha
que me redescubro
homem.
Abraço-te
com os meus rios
de ternura
e o teu corpo
diz-me
para onde ir.
Que sintas
o correspondente
mistério feminino.
À tua alma
mulher
que me afoga.

(#4 – 2008)

Bem sei que vivi as coisas por dentro
com seriedade na alma e nos gestos,
mas também com o amor e a ternura
a descoberto.
Agora choro.
Oiço os versos e as partituras sofridas,
de outras épocas, pois é certo
que as coisas humanas reduzir-se-ão sempre
a isto: o que é um homem?,
que mistério vem a ser esse da mulher?,
e como eles se combinam em paraíso
ou inferno, quando não ocorrem os dois,
alternadamente, misturando os sentidos
e as decisões, lavando tudo: a ternura,
depois as lágrimas,
novamente a ternura,
até se ter percorrido o tempo de uma vida.
Mas falava da minha dor
quando o mundo se me intrometeu no peito
e agora o sofrimento também é vosso,
pois já estão aqui, estes versos,
com a vaga notícia do meu desfalecimento.

Inicialmente

a procura é cega, os olhos estão vendados,

a boca sequiosa

sobre uns sentidos desordenados,

céleres ao mesmo tempo.

Procuramos, sem saber o quê,

impulsionados pelo corpo que se ergue

começando a desejar sem palavras

apenas crescendo para o mundo,

exigindo da terra uma metade

que o complete.

Inicialmente a procura é cega, dizia,

e se por acaso tropeçamos num corpo,

amamos nesse corpo

o sonho utópico da infância,

o que o nosso coração

espera da própria vida.

Ao despertarmos do idílio

aprenderemos, amargamente, que é só

o inalcançável que, na verdade, importa.

Se afirmo a minha humanidade
que o mesmo será dizer água,
pois o dedo que levanto com estas palavras
não é mais do que isso
e os pés em que me apoio
a boca que pronuncia sentido
e exclamações: como é belo o mundo!,
não são mais do que água;
mas se afirmo a minha humanidade, repito,
aprumo o tronco, finco os pés à terra,
cerro os punhos com coragem
na perplexidade de ser um homem.

(#5 – 2009)

Carla Ribeiro

Carla Ribeiro nasceu em Coimbra em 1971, é professora de línguas estrangeiras, Francês e Inglês e tradutora das mesmas línguas. Em 2008, editou um livro de contos *As Minhas Meninas*. É colaboradora no blogue de escrita e fotografia da autoria do fotógrafo Ricardo Melo (Meio Sentido). Publicou poesia e prosa poética na extinta revista Aeroplano.

Os nossos olhos – cicatriz que nos fica dos dias em que vivemos...

Os nossos olhos – cicatriz que nos fica dos dias em que vivemos...

Trazê-los assim abertos, a meio do espanto e das promessas.

Trazê-los à nossa frente em sinal de dádiva e como uma bandeira...

Os nossos olhos são a ressaca das ondas e o estorvo da memória.

É com as mãos, com as naturais mãos que se abrem trincheiras e se fala de amor,

O olhar de um derrotado esconde por vezes maiores mistérios,

Cicatrizes mais gloriosas,

Feridas mais sensuais do que todos os mártires.

Encandeiam-nos a vista, estas ferozes aparições

Revolvidas na lama e no medo.

Apaixonam-nos facilmente tais olhares,

Os rostos que os carregam,

Os corpos que os seguram.

O andar abismal dos derrotados!

As triunfantes mãos inúteis dos derrotados!

Fabulosos hinos à miséria e ao futuro...

Há uma musa deitada num campo de lírios, e é de noite e treme de frio.

Há uma musa deitada num campo de lírios e a noite inicial vestiu-a de negro.

Há uma musa morta num campo de lírios e por isso a própria noite tem frio.

Há beleza no seu corpo para sempre estendido num campo de lírios.

E o temor que inspira fará rezar as solteironas e encher de medo os animais

da floresta.

E o temor que inspira fará cantar aos poetas canções de amor impossível.

(#9 – 2012)

Andréa Catrópa

Andréa Catrópa (1974, São Paulo), doutora em Teoria Literária, foi coeditora do jornal de literatura contemporânea O Casulo e criou a série de programas de rádio *Ondas Literárias*, que podem ser ouvidos no blogue homónimo. Como autora, integra as coletâneas *Rock Book – Contos da Era da Guitarra* (2011), *Prévia Poesia* (2010), *Antologia da Poesia Brasileira do Início do Terceiro Milénio* (2008) e *Hiperconexões: Realidade Expandida* (2013), entre outras. Publicou o livro de poemas *Mergulho às Avessas* (2008) e concluiu, em 2014, o volume de contos *Sem Sistema* (inédito).

o sem-nome

vermelho-laca com grandes brasas por detrás dos olhos,

os cães ouviram o assobio,

o homem ouviu – lhe disseram é o que anda sem os pés,
o que se esgueira por entre as copas de árvore e não
é cobra – e virá

encarnado é texto, oração, pensamento,

desencarnado é sangue, suor, frio na espinha, a ameaça
da terra, o chão.

relógio

o coração quando
pára antes
borra de
lentidão
as coisas ou
subitamente paira
(apesar da
inquietude) como um
beija-flor?

azuis

sob o azul magnífico
da asa o marrom
quase lama indistinguível
das folhas secas

no vôo camuflado
a borboleta sobrevive
negando voltar para a terra
seu espelho
do céu

sob as ondas

vamos a um lago
ou cachoeira imaginária
um pouco de torpor é preciso
talvez lá
nos espere um outro reflexo
estranho como deve ser o rosto
de um afogado

(#2 – 2007)

Régis Bonvicino

Régis Bonvicino nasceu na cidade de São Paulo, em 1955. Entre as suas obras contam-se *Bicho Papel* (1975), *Más Companhias* (1987), *Ossos de Borboleta* (1996) e *Página Órfã* (2007). Dirige a revista Sibila, conjuntamente com Charles Bernstein, desde 2001.

Palavras

Enforcaram um gravatá
injetaram inseticida
numa sanã-cinza
trucidaram onças pintadas

e principalmente suas fábulas
queimaram verbascos
pelo temor da proliferação de suas palavras
extirparam as cordas vocais de um tatac

sugaram todos os sangues-de-dragão: verniz
para as mesas de business
mataram ingás por vingança
explodiram uma borboleta em pleno vôo

asfixiaram náidades no Yangtze
vararam de balas,
fuzis disfarçados de átropas,
um pseudoescorpião,

um chupa-dente-de-máscara,
as flores da contra-erva
e um rabo-de-palha
roubaram o copirraite

de uma formiga, agora extinta:
patentearam seu spixii
para um game do second life
agora metralhe todo o conteúdo off-line

(#3 – 2008)

Alberto Pereira

Alberto Pereira nasceu em Lisboa. É licenciado em Enfermagem e pós-graduado na área Forense. Publicou os livros de poesia: *O Áspero Hálito do Amanhã* (2008), *Amanhecem nas Rugas Precipícios* (2011) e *Poemas com Alzheimer* (2013). Participou em colectâneas de contos e poesia, das quais se destacam: *Antologia da Moderna Poética Portuguesa* (Seda Publicações), *Textos de Amor* (Museu Nacional da Imprensa/QuidNovi) e *Bicicletas para Memórias & Invenções* IV e V (Companhia do Eu).

I

Havia o sol com hélices
a rasgar a locomoção dos precipícios.
Poemas sem côdea dura.
As pétalas tocavam a mocidade
no seu trompete.
Acreditávamos em Nabokov
porque uma boa gargalhada
servia de pesticida.
O sorriso das crianças
aniquilava o spread da cicuta.
À noite as glicémicas mães acendiam fábulas
e a escuridão ficava sem porte de arma.
Legos, soldados de chumbo,
piões, berlindes,
todos a beber o quarto.
Às vezes os fantasmas empurravam
relâmpagos para a bexiga
e chovíamos a cama.
De manhã as mães traziam
violinos nas palavras
e apagavam o Inverno
na máquina de lavar.
Nesse tempo Agosto
cabia fora de todas as foices.
A pele era um piano.

As teclas amadureciam os gestos.
O útero,
pomar habitado por brinquedos.
Abriam-se hectares no sexo
e a especulação imobiliária
não minara ainda a inocência.

O apocalipse,
corpo que caiu do pólen.

Quero ter a idade de uma ilha.
Palavras selvagens,
sílabas nulas de cieiro,
unhas a crescer nas estrofes
e um moinho onde possa matar
a hipertensão do ego.

Homem que compra peruca à Primavera,
passeia no futuro lírios com varizes.

Nenhuma candeia se acende com lepra.

II

Recordo os dias,
rítmicos revólveres a bordar o cio da pólvora.
À minha frente o teu nome.
Os espelhos respiram Agosto
e por dentro de Agosto
as crianças enlouquecem
no íntimo gatilho dos pássaros.
Tudo é um texto onde aprendem
lâmpadas fundamentais.

Beijo.
Homem.
Mulher.

Puzzles ou violinos onde viaja neve.

O beijo é uma pedra entre duas bocas.
A mulher deita-se nos lábios do homem
como numa zona de caça.
Este tem palavras que pensam um corpo nu.

O verde é a primeira cor de uma mentira.

A garganta compra um touro que há-de soltar.
O homem imagina árvores, roupa,
a casa luminosa sem precisar das mãos.
A mulher encaixa no pensamento
cidades para garrotar o pó.
Ambos caminham
com orquídeas que ladram.
Mas a cegueira afirma,
pétalas não aprendem casotas.
Os meses empurram-nos
para o ângulo da mutilação.
Nas igrejas reza-se névoa.
Sentem,
ali podem ludibriar carris.
Em vão,
o céu é sempre um comboio.

Lembro agora o tempo
em que imitávamos a infância.
Nenhum poema tomava a pílula,
nem a inocência se suicidava em Deus.
Depois a boca começou a ter cadastro.
A pele adquiriu a claridade fosca

da música de Sibelius
e duvidei se a tua garganta
era a Finlândia.

Todo o frio confessa,
deixaste-me o Báltico.

III

Flores de ponta e mola.
Beijos calibre 6,35.
Foi assim que encostaste
o aço ao meu nome.

Guardo ainda num revólver
algumas árvores e pássaros,
o arrependimento de Raskólnikov
e as sinfonias de Stravinsky.

É já tempo de matar a eternidade.

Tenho a mais bela pólvora do mundo.

IV

As navalhas abrigaram-se na casa.
Os corredores estão escuros
e nunca mais te posso atear
com o mel das estantes.

Os livros já não têm janelas
para dentro de ti.
Os versos de Celan
foram alagados.

Se agora dissesse,
"Era Primavera,
e as árvores voaram para os seus pássaros",
a porta ficaria na mesma.

(#10 – 2013)

Pedro Silva Sena

Pedro Silva Sena (Lisboa, 1975). Com formação e prática científica em Antropologia, é professor, tradutor autodidacta e editor da revista em rede Inefável e das Edições Bicho de Sete Cabeças. Tem publicado poesia – *Cancioneiro do Absurdo* (1999), *Poemas de Cal* (2004), *Monumentos* (2016), *Teoria do Crescimento – Letra à Letra* (2017) e *Salvados* (2020) –, ficção e não-ficção — *A Conquista de Tavira* (2022). Participou na antologia *Canto de Mar* (Biblioteca Municipal da Nazaré, 2005) e tem publicado poemas, contos, crónicas e traduções em revistas como a DiVersos, a Piolho, a Estúpida, a Al-Madan online e a Inefável.

Onírica Camoniana

Ó senhora de meus olhos a luz que os ilumina e os conduz
sois vós quem domina o meu claro ser que é amá-la o seu
sentido sem vossa graça perdido e assim a vida esquecer.

Fingerbib (Aphex Twin)

pára entras segues contigo sobre as ruas repetidas pára
saem entram segues contigo pelas linhas coloridas do
diagrama pára saem entram segues contigo um rosto
pormenores de corpo onde te demoras tenso de trânsito
pára saem entram segues contigo dentro da música pára
saem entram segues contigo o traço cor de rosa de um
airbus nos últimos minutos do sol pára sais entram segue

longo o brilho pelágico do rio não tens como dá-lo só o
dizê-lo ali nas goelas das ruas debaixo dos arcos à esquina
dos prédios pendurado nos beirais ao fundo das escadas
a correr rente às janelas cruzado por barcos ao longe

Os Jardins de Generalife

fragrantes as brisas sussurram elanguescidas as sombras estremecem indolentes as águas brilham serenas as espumas

(#1 – 2007)

A Rua

1

está sentada
um esgar de dentes
pele de leopardo
o casaco
escuros os tons
da saia e da camisola
a boina de malha larga roxa aos pés
arreganhada

queixo assente na palma da mão clara
cotovelo fincado sobre o joelho
olhos olhando como bolas de bilhar rolando
quieta como um peixe em um aquário

apetece-lhe apertar o nariz às senhoras
puxar pelas gravatas
furar os pneus dos táxis
assustar as franzinas

adivinha palavras nas letras cruzadas
sentada pelas soleiras pisadas
quieta como um peixe em um aquário
olhos olhando como bolas de bilhar rolando

2

cobertor de papelão
sobre a calçada
um vómito estrelado

Metropolitano

1

O turista sorria
Como se lhe custasse
Apontou a lente ao retrato ousado:
Um pequeno cão que dormisse
Sobre o acordeão mal apoiado
Na boca o cesto da caridade
Do rapaz que a umas pestanas longas se prendia.

2

Podem crer que eu ficarei imensamenteagradecido a
quem tiver avontadeouaoportunidade de me auxiliar

Caminha entre os jornais e os livros abertos frenético

Tresandando a vinho canta

Em ritmo rap

Com uma chave a caixa e a vareta toca

fitando.

Call Center (revisto)

Sob o clarão fluorescente mergulhados em um fundo
Fechados como em uma caixa.

Filas de cadeiras em chamada
Ininterruptamente
Divisórias favos de saliva.

Pinças cravadas nas têmporas
Rigorosamente
Quinze minutos

De silêncio

Muito bom dia, o meu nome é
Uma voz
Muito boa tarde, o meu nome é
Um nome repetido
Muito boa noite, o meu nome é
Um número

Fechadas como em uma caixa
As gaivotas dão no ecrã das janelas discretas
O script azul leitoso.

(#2 – 2007)

Alberto Augusto Miranda

Alberto Augusto Miranda (Vila Real, 1956). Obras publicadas: *Nojo* (1979); *Linha de Linho* (1981); *Viagem á Volta de Sabine em 80 Noites* (1983); *O linho em Couto-Adoufe* (1986); *Portografias* (1995); *Dá-me com a Noite* (2001); *O Estando* (2004); *Borbotom* (2006); *Lembrandt* (2010) e *Extra-Dicção* (2014). Encenador e tradutor. Dirigiu as chancelas da Sociedade Guilherme Cossoul – Edições Tema, Edições Fluviais e Edições do Buraco – e a revista electrónica Incomunidade. Actualmente, mantém o blogue de criação Para Isso e o blogue de traduções Meninas Vamos ao Vira.

Alto Teatro no Barroso

Não se sabe o que fazem, porém mexem-se. Alinham os bodes sem formatura no mais castanho-vivaz dos carreiros entre-verdes. A sagesse caprina domina as presenças ignorantes, sua quietude altaneira oprime os compassados, os que inverteram o grito e são agora profissionais, batem, por exemplo, no burro sempre que o social os aliena. Eu sou aquele burro chibatado e cheio de moscas. Não saio, não mexo. Não quero ir para empresário, professor ou empreiteiro. O burro que estranha a neurose do homem e lhe pergunta em tom muito baixo e de muito pudor: "Que mal te fiz para me tratares dessa maneira?" Não é preciso fazer mal. Não é preciso mal. Pelas linhas das alturas, onde se descansa da temporada, vê-se: o male é ser através do burro. Quieta-me a Benta com seu humor de oboé e desobrigações. Aparentemente há chuva, este redondo de acolitados só se salva olhando para cima. E ouve-se nada, o mundo é de pedra. Na fraternidade de todos os cornos que nos igualam, sobrevém imperiosa a pulsão da viagem. Vamos todos, todos de outra maneira, e de outra maneira vestidos, cada um no seu barco de sair. Olhei para ela com vagares de boi. O mundo era muito antigo em meu gutural. Li as estantes como esporas epitalâmicas onde a conquista é levada ao registo. Respirei na fonte das lembranças, com particular adição gástrica. Queria irmanar-me às perdizes, às que perdizem. Vestia-se em quadriculado, uma aberta fórmula de apetite. Tinha serraneado uma linha convexa onde armazenava, com rigor doméstico, suportes históricos de uma existência livresca. Hercúlea e possuidora de uma certa ramada alta, prodigalizava toques de afecto que enchiam os parabéns da autoestima. Mais abaixo, em hors-texte com o nome de eiralonga, agitei o corpo em direcção ao paroxismo. Um espigueiro de antanho guardava-me as vivências dos fenos. E abri o Sul, com o disparo simétrico de uma fotografia, pelo cotejo infernal a que as vadiagens obrigam. Sorri à necessidade da Mariana. Ela estava pronta a esquecer, a reconhecer todas estas sombras. A Rata pôs-se em tantopé, avaguardando os interditos para o imediato comer matinal. O segredo, Benta segredação, era um contínuo semi-piscar de olhos que nunca ultrapassavam 1/4 da abertura regular. Metia-se, ela, então, no pão e na estratégia. De tudo se abstinha como uma castrada actriz de bergman. Relançava, em após, as pernas quase-nada pernas, em motor de vidinha abstracta, pós-moderna, jamais desaguante, o dia seguinte era o destino a assegurar. Havia, nos dentros, um tecido áspero tearizado com a nunca explicitação, a révanche inconcluída como múnus da sobrevivência. Os certos andavam no prodígio dos crimes, uma pedra impunha o homem que "morreu em luta com o trabalho", fosse o que fosse, pedia, exigia, uma dramaturgia. Podíamos dizer: houve Salto, era uma libido de balzac, circunstância e exponência, uma rejeição do havido, um impromptu sobre o devir. Num dos bares, em sonoras parangonas, os mestres do pimba cult encontravam mais uma enseada, gente sem saber o que fazer ao corpo: trasmontanos, brasileiros, ucranianos, proprietários insatisfeitos. Deitavam-se com a Lei: A Domus. O paralelo era impossível, nada de cotejos, mesmo nada de cortelhos, abafar as insências em invisibilidade: só o homem, esse animal de nada. Resta-me pouco. Não deve dar para riscar, sou um cisco diminuído, um aero-invisível, só as vacas me esbulhagam os olhos com amabilidade e alguma simpatia erótica. Até a dor acorda mal servida de corpo, os bichos pequenos fogem de mim, sou a palha seca, ainda pesada para as célias, as andorinhas. Não devia ter voltado, não devia ter aquiescido, puta de memória, vale da tragédia. Saber, sem ter o sabor, da lembrança de fazer corpos com poemas, essas gritarias de emigração. Não tenho pena de entregar o vasilhame à terra. Todo bebido, só os pinhais e os musgos me comeram a nudez. O restante biónico é uma devolução. Aqui me vejo, ilíquido. Sólidas, só as imagens, a ruga de as ver, a anestesia do deslumbramento sem sensação. Branco e Vermelho, a peçonha de existir.

(#1 – 2007)

Ricardo Ferreira de Almeida

Ricardo Ferreira de Almeida (N'dalatando,1972). Sociólogo, músico, poeta, cozinheiro. Obras publicadas: *O Barbiton* (teatro, 2014); *As Pessoas Têm que se Rir!* (teatro, 2013); *A Boca Aberta* (poesia, 2012); *Orações para Antes da Excomunhão* (poesia, 2011); *A Fábrica da Verdade* (poesia, 2010); *Eu, Manuel Inácio, Quero Ser Santo!* (teatro, 2009); *Os Sexonautas* (teatro, 2009); *A Borboleta Invisível* (teatro, 2009); *Poesia Reunida (2004/2009)* (poesia, 2009); *O Terceiro Estômago das Aves* (poesia, 2002); *Tu em Mim* (poesia, 2001); *Hipótese Semi-Secreta* (poesia, 1997). Anote-se, ainda, a participação nas seguintes colectâneas poéticas: *Millenium – 75 Vozes de Poetas Portugueses* (Universitária Editora, 2002); *Pintura em Portugal 2001*, editado pela (Universitária Editora, 2002) e *Viola Delta nº XXX* (Edições MIC, 2001).

LUZES OU SEIOS?

Se isso são seios ou luzes verdes cheias de tempo que os gatos acarinham em paralelismo aos novelos abertos nas calçadas tenras de juízo se isso são os teus seios não o posso dizer não os distingo não tenho pena para o fazer nem o cansaço que me agitar a velha pistola de versos rudes me ajuda. Eu vi-os nus na penumbra enquanto as cigarras carpiam o verão de Santo António e o vento soprava acenos no espelho dos teus olhos, nas ruas inquietas do teu corpo. Vi-os nus, foda-se, evanescentes oblíquos e estou dividido neste inferno da memória usando os sonhos para me acalmar vasculhando nos corredores do meu corpo o cheiro anis o almiscarado dos teus cabelos e o silencioso sabor do teu sexo. Se um dia voltares e não tiveres mais as gemas mas a carne desabrochada e eternamente celeste deixa que os toque mostra-me a lucidez e o talco suave que enrolo nos lábios e por segundos sinto.

ENSAIO GERAL

Ensaio uma mão no teu decote barco de silvas e omissões coalho castrado na delícia gastronómica de te comer toda nua. E lambo-te as mamas sem as tocar apenas te mostro a vontade obscena no palpitar das pálpebras e no entendimento coeso das vazias aparas do meu sexo. E também te quero desta forma dizer que te lambia entre as pernas os joelhos e os tornozelos as palmas das mãos e dos pés minha heroína de papel crepe cor de lírio. Deliro com o teu decote obscenamente devotado aos meus sentidos proibidos.

QUE BOM SENHOR O'NEILL

Que bom senhor O'Neill ter-se atravessado no meu caminho não sabia que era um gato nem tão pouco me avisaram para o cumprimentar com as sobrancelhas. Bicicletas encavalitadas no nariz? Que me diz à instantânea loucura de armadilhar paraísos para estimar resistir ou resistir por estimação? Eu bem sabia, já mo tinham dito: a sua clavícula não lhe permite olhar de lado, mas eu insisti. Olhe lá senhor O'Neill, quem vai adivinhar uma coisa dessas tratando-se de alguém como eu que nunca confidenciou nada a ninguém? Eu insisto senhor O'Neill em ser outro gato sem disfarces.

REALISMO OU TRAGÉDIA?

Agora que já partiste os dentes de tantas dentadas na observação das tartarugas te esqueceste dessa sempre simpática visita de mão dada pelo parque verde da tua cidade deste leite ao gato e deleitaste o marido só te resta mesmo digo-to do fundo do meu coração virgem dares-me um beijo com essa boca colorida e vacilante até que os passos e a psicologia das personagens nos arrumem a um canto imitando o gorjeio dos passarinhos estético e complacente, com os polegares cheios de Primavera. Pois bem cara amiga, agora que estamos sozinhos só nos resta dar bom uso ao dente e ao certo não sei onde o acaso nos poderá levar eu um trintão de joelhos falsos e tu uma trintona de outros tantos percalços. Estes nossos acenos ao mundo são plataformas nuas decorativas arquitecturais e o vazio que nos assalta as unhas é a carne do javali e da corça a juntarem-se para outra merenda que as cartas já explicaram. Então, que dizes? Vamos ser realistas ou insistir na tragédia?

POEMA AVULSO PARA DAR AO PULSO

Fazes-me sede e sedento estou mascarando os pulmões de arrobas desertas de manhãs que se encontram no teu nariz no teu sexo no teu iluminado pente, a poente de mim. Todas as manhãs, quando posso, ponho de fora o melro e desato a macerá-lo. Primeiro com a ponta dos dedos depois com a mão toda, enchendo-me das tuas memórias que afloram como aguardente bafejada ao ar em noite de geada. Ainda que recorde os taninos frutados do teu ventre, derramando-se em gemidos foscos nas línguas que acendia para te iluminar te descobrir nesse ponto da alma onde agora só chega o desmame da mão quando mais que aflita derrubavas as fronteiras e corrias em cima de ti mesma a pele estalada e a faca dos dentes nos dentes a picarem os olhos os calos nada fica em pé, literalmente. E a tua cara vai-se fundindo nas sombras da madrugada e chega com o frio das vozes a ordenar a manobra do carro do lixo, o latido do cão acordado em sobressalto e as cafeteiras a queimarem café vigorosamente. Nada fica de ti, nada resta do teu rosto.

(#3 – 2008)

Pedro Russo Moreira

Pedro Moreira (Oeiras, 1981) é doutorado em Ciências Musicais pela Faculdade de Ciências Sociais e Humanas da Universidade Nova de Lisboa, tendo-se especializado na música (re)produzida em Portugal durante os primeiros anos do Estado Novo. Actualmente é docente da Academia Nacional Superior de Orquestra da Metropolitana, da Escola Profissional Metropolitana e da ESE de Lisboa.

(Sobre o tráfico de mulheres)

As formigas nos joelhos de pernas flectidas
Comem com doçura de selvagem
A cândida virgindade dos seios.

Dedos no cabelo alterado
O caminho do pescoço pela voz
Em sons segue a veloz formiga.

No esquiço dos lábios
Com pontos de cor referenciais
Encontra no umbigo o centro

De perna cruzada, pé descalço
(mas não desprevenido)
Corre com ela essa formiga
Não conformada com o negócio,
Regulando o passo, volta ao seio.

(que futuro?)

Tocou com mão de textura áspera
Que a imagem de uma ideia
Sai atada por cordel
E é lançada sem vector

Acaba por chegar à origem
Apaziguado e vencido
O campo sem o verde
Não aterra com trem

(nas portas do sol, uma nuvem)

O monumento a qualquer coisa
Ruiu pela terceira vez
A menina de amarelo, aparelho nos dentes
Mão estendida, assim...

Começava por responder ao que pedia
Nas ruínas erguidas de um salto regularizado.

As diferenças cá se sabem
- tenha cuidado!- dizia o mundo

(os pedintes num bairro de Lisboa)

A Luz das vielas entremeava na grelha
Carvão arrebatado... esbugalhado...
Na caravela das ideias (em forma latina)
Cantavam o fado sem guitarras ao pé de ciganos

A rapaziada almofadada, sujava a cara iluminada
Que a verdade é de todos, pela via da vontade
E pedir não é crime

Continuam as brasas no som
Nos becos são as esmolas calcetadas
Parece que a virtude, subsídios de humanidade,
Não reflecte sempre o sol
Até suja incorrectamente para marcar.

(das coisas da montanha)

Uma montanha não se move
No alto cantam ventos, não se move
Passa quem passa, faz que faz, não se move

Continuando a história...

(#2 – 2007)

Thodorís Rakopoulos

Thodorís Rakopoulos nasceu em 1981, em Amindeo, perto de Salónica (Grécia). É antropólogo e vive actualmente entre Londres e a sua região natal. Publicou uma colectânea de poesia intitulada *El Fayoum* (2010), à qual foram atribuídos três prémios. Tem colaborado em revistas e aguarda a publicação de um novo título, *O Υδροφόρος Ορίζοντας*, traduzível por *Horizonte de Águas Subterrâneas*.

| poema traduzido por Carla Ribeiro

Balada dos Guarda-Fronteiras

Sentou-se no beiral, pesado, levantou

a mão a chamar por trás do balcão a mesma rapariga

de sempre. Sentia-se, disse ao companheiro,

como se um animal a quem eu tivesse dado fome há dias

emergisse de mim, de repente – agarra-me e eu
murmuro "ouve lá".

(Calou-se. Deitou um olhar à sala, à sua decoração) –

"Mete o fio lá para cima",

Ouvi-o dizer-me. O frio da garrafa na pele

Interrompeu-o. Olha em redor: sorrisos desdentados. A
primeira

Rodada de Amstel é por conta da casa, disse a
empregada, maquinalmente.

E sentou-se numa pilha de roupa ensanguentada.
Agarrou

a rapariga pela manga. Agora os quatro. Lá fora, ruídos

e gritos amainados pela neve repetiam:

"Mete o fio lá para cima",

Piscou um olho (o bom) ao auditório,

para demonstrar que todos (por dentro, por fora) lhe
eram semelhantes.

O seu companheiro lembrou-se da lama, do sangue:
"mexe-o,

mexe-o". Ele não falava. E então pôs-se a pensar no jogo

Arsenal – Milão. A empregada perscrutou o bar em
busca

de uma reviravolta. O outro (o quarto) ainda não tinha
tocado na cerveja,

lembrava-se simplesmente da primeira vez que lhe
haviam gritado

"Mete o fio lá para cima".

Deixou-se ficar. O quarto. Quilómetros de neve sobre neve à sua frente.

A roupa permanecia na lama, no sangue,

Com Ele, o companheiro, Arsenal, o olhar

do animal esfomeado, que murmurava, apoiado ao seu pescoço,

"Mete o fio lá para cima".

(Guardas)

(#9 – 2012)

V. S. A. D. Vidinha

V. S. A. D. Vidinha nasceu em Portugal e é um pseudónimo.

Lenga-lenga dos Passos

Os primeiros passos passaram
passos que sabem por onde passam
passam mas não sabem para onde vão
se dos euros para os dólares
se dos cêntimos para as migalhas

dos euros aos cêntimos passaram a passar
dos cêntimos aos euros pássaros a voar
como quem passa muito bem é preciso é trabalhar
cá outros passatempam ábacos e multam cágados
por excederem limites de passividade
digam lá se não é verdade:
para passar do passo ao trote basta o mote
para passar do palácio ao paço basta a glote
para passar do que fiz ao que faço basta um traço
mal traçado, embaraço-me, torço-me, atam-me
mas é só para caber melhor em mim, não é assim?

Postal I Love Portugal

«Tudo pelo Mercado. Nada contra o Mercado»
se ninguém o disse, que fique aqui registado,
é a palavra de ordem que (ainda) não gritam,
mas é o cacete que já agitam.

Quadra

O tio operoso
Confiscou-te a uva
Mais trefo que a agulha
Duplicou os amos.

A Receita

O segredo está no medo
A receita está na dose
A virtude está na pose
A maleita é a saúde.

(#Do 8 ao 80 «Especial Crise» – 2011)

A. Da Silva O.

António S. Oliveira (1958) além de literariamente dar à luz A. Dasilva O. (1980) publicou: *Carta a um Morto* (1993); *Uma Pequena Obra Prima* (1995); *Auto-Retrato de um Decadente* (1997); *Pide* (1997); *Sete Beijos Numa Pedra* (2000); *O Bem Volta a Atacar* (teatro, 2003); *O Último Desejo de um Serial Killer* (teatro, 2000) e *Vis* (teatro, 2012). Fundou as Edições N. Fundou e dirige as Edições Mortas. Destaca-se ainda: *Correspondência Amorosa Entre Salazar e Marilyn Monroe* (1997) e *Diários Falsos de Fernando Pessoa* (1998). Criou e editou várias revistas: Arte Neo, Filha da Puta, Papa, Marquesa Negra, Broche Suburbano, Última Geração, Voz de Deus, entre outras. Edita actualmente a revista de poesia Piolho e a revista sem cultura Estúpida.

Estar Morto Também Cansa

As estantes emagrecem

Impessoal biblioteca

Fome de rato

e nem um rato de biblioteca

me visita ainda bem

dizem-me

É sinal do bem de pensar

Mas sou um delírio

Um rio de suor

a lume brando

Fingindo a merda que se é

As frases feitas

Os sonhos impossíveis

Cinzas manuscritas

Uma floresta

de lugares comum

Arde à troca de trinta vinténs

Os amantes banham-se de gasolina

neste túmulo barroco

Sem tempo

para ler

Mijo sobre tudo

Um rio seco

apontamentos alquímicos

centenários do eterno porvir

Penosamente se eleva

ao ponto mais alto

o branco poema

E começo a gritar

Mas os rins não libertam

A pedra

Depois há o caminho

dos degraus

que caminham ao contrário

espalhando o sal

As escadas

fecham

a pessoal biblioteca

que de mim

só tem o seu cadáver

(#10 – 2013)

Entrevista: Júlio Graça

| por José do Carmo Francisco

Entrada

O «neo-realismo», conforme a geografia literária estabelecida, é uma região periférica caracterizada pela relação estreita entre a arte literária e a militância comunista. Júlio Graça (1923 – 2006), enquanto escritor, constitui uma das entradas omissas nos dicionários de literatura portuguesa (cf. Pedro 1999). José do Carmo Francisco – poeta e jornalista – teve a oportunidade de entrevistar este poeta e romancista em 2000, aquando do décimo aniversário da abertura do Museu do Neo-Realismo (Vila Franca de Xira).

O editor.

José do Carmo Francisco: Como é que a literatura neo-realista entrou na sua vida?

Júlio Graça: Eu nasci em Vila Franca [de Xira] em 1923, estudei em Lisboa na Escola Industrial Afonso Domingues, trabalhava numa empresa aqui perto e conheci o Soeiro Pereira Gomes no Alhandra Sporting Clube.

JCF: Que tipo de trabalho fazia o escritor no Clube?

JG: Eu dirigia classes de ginástica e de natação. Pediu-me colaboração nessas actividades.

JCF: Quando é que descobriu o valor dele como ficcionista?

JG: Só o descobri como escritor quando o livro «Esteiros» foi publicado. Foi para mim uma grande revelação depois de «Gaibéus» de Alves Redol. Outras duas revelações foram «Casa na Duna» de Carlos de Oliveira e «A Casa da Malta» de Fernando Namora.

JCF: Que outros escritores foram importantes no seu percurso?

JG: Trindade Coelho, Teixeira Gomes e Miguel Torga foram e são referências para mim.

JCF: E dos estrangeiros, quais são os que mais revisita?

JG: Por exemplo Jack London, Hemingway, William Faulkner, Dostoievsky, Tolstoi e Nicolau Gogol.

JCF: Nos seus livros está presente a realidade do campo no Ribatejo?

JG: Não só do campo mas também dos operários nas fábricas e nas oficinas. Desde «Lezíria» [1950] até «Lenda do Paraíso» [1989], passando por «Salário de Judas» [1955], «Um Palmo de Terra» [1959] ou «A Espada e o Coração» [1962] essa presença é permanente.

JCF: Diz-se que a grande luta entre a geração neo-realista e a geração da "Presença" tem a ver com a figura do João Gaspar Simões. É verdade?

JG: Apesar de haver a ideia de um grande antagonismo – porque os escritores presencistas queriam mudar o homem enquanto nós queríamos mudar a sociedade – não eram gerações tão opostas como parecia. Era uma divisão aparente. O Gaspar Simões simplesmente odiava os neo-realistas.

JCF: Havia na vossa área quem admirasse os presencistas?

JG: Muitos de nós, incluindo o Soeiro Pereira Gomes, admiravam a obra de José Régio. E olhe que muitos presencistas tiveram problemas com a PIDE. Não fomos só nós.

Sementes de Revolta

JCF: Como é que nasceu a expressão "neo-realismo"?

JG: Foi o Joaquim Namorado, para não utilizar a expressão "realismo socialista", essa sim de acordo com ideias marxistas-leninistas que estão na sua origem.

JCF: Como é que podemos definir o início do neo-realismo em Portugal?

JG: Está definido que o arranque do movimento é com «Gaibéus», de 1939, "Rosa dos Ventos", de 1940 e

«Esteiros» de 1941. Alves Redol, Manuel da Fonseca e Soeiro Pereira Gomes sãos os autores [pioneiros] mas há antecessores de peso, como Aquilino Ribeiro e Ferreira de Castro.

JCF: Na sua opinião o neo-realismo acabou?

JG: Para mim a data de 25 de Abril de 1974 marca o fim do neo-realismo. Mas há quem defenda que os livros posteriores dos autores neo-realistas são ainda neo-realismo.

JCF: Pode dizer-se que o neo-realismo é uma semente do 25 de Abril?

JG: Sem dúvida. Os escritores e artistas plásticos, os dramaturgos e cineastas ajudaram a consciencializar as pessoas. Lançaram sementes de revolta.

JCF: De qualquer modo a realidade de hoje é bem diferente da dos anos quarenta...

JG: Tudo é diferente. As máquinas entraram pelos campos, as fábricas de hoje não se comparam com as de antigamente. Há cada vez menos operários e cada vez menos camponeses.

JCF: Mas um garoto de dez anos a trabalhar não será neo-realista?

JG: Sim, mas os problemas de hoje são outros. Desemprego, droga, trabalho infantil, miséria. A televisão procura a notícia com espectáculo. Os jornais muitas vezes dão, para não ficar atrás, o espectáculo da própria notícia.

JCF: E qual o papel dos escritores?

JG: Faltam escritores para escrever sobre os casos de agora. Estão muito voltados para a História. O próprio Saramago fez o «Levantado do Chão», mas os outros livros dele são sobre o passado.

(#7 – 2011)

«Um lugar onde as nódoas têm sinos»: Entrevista a Alberto Pereira

| Apresentação e entrevista por Ricardo Gil Soeiro

A voz poética de Alberto Pereira (n.1970) é simultaneamente jubilosa e melancólica, terna e violenta, e é através desse entrelaçamento intrincado que o poeta nos revela o material de que se tece a misteriosa trama da vida. No seu blogspot, significativamente intitulado "Murmúrios da Utopia", apresenta-se da seguinte forma: "É uma ilha como todos os homens. Escreve para não se evaporar no nevoeiro perpétuo do quotidiano. De quando em vez, aluga quartos na memória para regressar à infância. Gosta de caminhar fora do destino. E tem uma certeza, "decepar a ilusão é viver morto." À boleia do poder da imagem e da imaginação, as suas palavras voam num compasso singular, ardendo num fogo lento, e constroem um alfabeto luminoso que reflecte a dor que a morte representa e a redenção que a presença do amor sempre traduz. Múltiplas são as paisagens interiores que os versos de Alberto Pereira logram transmitir. Basta estar aberto ao desafio do grito frágil que toda a poesia é. Um poeta único com uma obra a descobrir.

(#9 – 2012)

Ricardo Gil Soeiro: Uma ilha, alguém que escreve para não se evaporar... Quem é, no fundo, Alberto Pereira? Consegue definir-se como poeta ou prefere deixar à solta o mistério de ser um rosto precário? Consegue identificar alguns traços da sua poesia?

Alberto Pereira: Alberto Pereira é alguém que não gosta de guardar o vento na garganta. Deixar as tempestades sair para o mundo é aquilo que pode edificar um homem. Somos um prédio enorme, com habitações que se vão gastando. Um dia resta-nos o piso térreo. Quando chegar esse momento limite, pretendo saber se fiz o caminho para mim mesmo.

Quanto a definir-me como poeta, prefiro deixar à solta o mistério de ser um rosto precário. Todo o acto de criação é incerto. O criador precisa dessa instabilidade para não estagnar. Quero continuar a ser uma voz com pássaros que voam, mesmo quando as árvores já não são suas. Um corpo que não se esqueça de perguntar:

o que é o voo para lá do Outono?

A minha poesia percorre trilhos similares aos de outros poetas; o amor como faca que se veste de paraíso. A condição transitória da eternidade.

Fala da infância, espaço único, onde não se peneiram ciprestes para atingir o sol.

A traição como catedral de sombras que enche o coração de chuva. Fala da velhice, último passo entre as rugas e a terra. E da morte, lugar onde toda a erva se explica.

RGS: Em tom de repto, Henri Michaux escreveu aptamente: "Não é no espelho que devemos observar-nos. Homens, contemplem-se no papel." Esta afirmação é, em si mesma, uma brilhante tematização da relevância antropológica da literatura. Concorda com ela? O que é a literatura para si? Na sua óptica, será a literatura um auto-retrato contínuo do sujeito que a escreve e do sujeito que a lê?

AP: Em certa medida, sim, porque toda a literatura de forma aberta ou encapsulada, apoia-se nas vivências de quem a escreve. Não é possível caminhar deitando os próprios passos fora. O mundo que nos atravessou vai pairando como uma ave de rapina. E nada dialoga melhor com a paisagem interior que uma folha de papel. Quanto ao sujeito que leva os olhos até ao fim do que o escritor expôs reconhece, por norma, nessas palavras as feridas que o prendem ali.

A literatura é um lugar onde as nódoas têm sinos. É certo que no pináculo do Verão ninguém vê versos rotos. É o tempo que mostra a hierarquia das garras. Sabe-se nesse momento que aparar as unhas à pólvora apenas serviu para pintar biombos nos olhos. E, como disse, Henri Michaux, "não é no espelho que devemos observar-nos". O diálogo com a imagem exterior é apenas o retrato do hospício que se quer negar. A viagem interior sempre gostou de caminhar por esse arranha-céus que é uma caneta, para declarar no papel que a eternidade procura sempre uma corda no céu.

RGS: Definiu-se como alguém que, por vezes, aluga quartos na memória para regressar à infância. Quão é importante é o passado para si? É um elemento catalisador da sua poesia? Será a infância um lugar perdido? Em que medida é crucial para si a ligação entre o tempo e o esquecimento?

AP: Costumo dizer: a memória, consultório com muros para subirmos à inclinação da eternidade. O passado é o futuro calibrado, o interior polido para viver novos erros. É essencial perceber: os muros são pássaros adiados. Nessa medida, temos de acreditar que podemos repetir as aves.

Na verdade, grande parte da minha poesia assenta no passado, sendo a infância o idílico espaço que nunca se evapora. Local onde se pode regressar, para tirar Agosto da cadeira de rodas.

Quanto à ligação entre tempo e esquecimento, penso que há uma hora em que o perfume se magoa contra a memória. Depois, a fragância perde intensidade, mas, mesmo assim, o tempo não tem o dom de a anular por completo.

RGS: Gostaria que me descrevesse o seu processo de criação literária. Tem algum ritual? Como surge a ideia de escrever um poema? Escreve por medo, por desespero ou por necessidade?

AP: Não tenho qualquer tipo de ritual, há sim uma espécie de chamamento. Não se escreve quando se quer, mas sim quando a voz interior segreda algo. A partir desse momento chega o tema pelo qual avanço, não sabendo onde vou chegar. No final, com todas as palavras alinhadas, por vezes fico surpreendido.

Relativamente à razão porque escrevo, tenho a certeza: é para não me encontrar com o mundo.

RGS: O que representa, no contexto da sua obra, o livro "Amanhecem nas rugas precipícios" (2011)? Sendo um livro fundamental, representará ele uma viragem ou uma continuação na sua dicção poética?

AP: "Amanhecem nas rugas precipícios" representa a continuação da minha dicção poética. Não acredito em viragens repentinas no que se escreve. Há, sim, um processo de amadurecimento, quer do homem, quer do escritor.

Subir o fracasso, pintar erros, embarcar amores com escorbuto, beijar sombras, atar árvores ao peito, proibir varizes aos brinquedos, tudo isso faz parte do puzzle que vai chovendo dentro do corpo. O que muda não é a dicção poética, mas sim a forma como o interior se quer ver explanado no papel. A voz que o faz é a mesma. A forma como é exposta é que apresenta outro padrão.

"Amanhecem nas rugas precipícios" foi um livro muito importante. Nele, além dos temas recorrentes da poesia, viajava uma carga simbólica marcada. Pretendi criar para João Aguardela, que desaparecera prematuramente, uma velhice; embora fictícia, era real dentro de mim. Isso acabou por conduzir a obra para lugares essenciais. Perguntas que chegam tarde ou nunca se fazem.

O que sobra da anatomia do fascínio?

Qual a velocidade de uma amizade ectópica?

Quanto tempo demora o céu a levar um tiro na cabeça?

E as respostas foram surgindo, lâminas a que fechámos as portas.

Se como diz, Eduardo Lourenço, "a poesia é o homem à procura do seu nome", penso que este livro me aproximou dessa busca.

RGS: No seu primeiro livro – "O áspero hálito do amanhã" (2008), escreveu: "No fim de um estreito carreiro desembarca um mundo perdido. Uma floresta de tábuas eriçadas que se espreguiçam na miséria, dão abrigo aos homens mudos de sonhos" (Poema "Bairro de Lata") e "Corpos algemados de ternura/que despejam sobre as rugas dos dias/poemas compilados de coragem" (Poema "Mulheres"). Para além de uma dimensão mais explicitamente lírica (e que é inegável), sente-se igualmente na sua poesia uma vertente mais visceral e crítica em relação a injustiças sociais de vária ordem. Concorda? Quão importante para si é esta dimensão ética da literatura?

AP: Concordo. Aprendi muito cedo que as rugas começam na garganta. Sabe, quando é Novembro no perfume e o fútil nos ameaça o corpo, temos de escolher, entre engolir o escuro ou arrancar os preservativos às palavras. Não me importo de cair aos olhos dos outros, o essencial é ser catedral por dentro. Nesses momentos, fica-me sempre uma pergunta em mente: "quantos homens dúbios são precisos para que a pele cheire ao poema perfeito?".

Quanto à dimensão ética da literatura, permita-me responder com a citação de Henri Michaux, que utilizou numa das perguntas; *"Não é no espelho que devemos observar-nos. Homens, contemplem-se no papel"*. Isto diz tudo sobre a abrangência que a literatura pode ter na sociedade.

RGS: Como vê o momento actual da poesia portuguesa contemporânea? Quem são os poetas no activo relativamente aos quais sente uma maior afinidade? Quais são as vozes poéticas que mais intensamente o influenciaram no processo da constituição da sua própria voz, o seu idioma poético?

AP: Penso que a poesia portuguesa contemporânea continua a ter grandes valores, tal como existiram noutros tempos. O que acontece é que o mercado livreiro tem trabalhado para instalar o nevoeiro onde as palavras não tinham sono. Num mundo capitalista, o lucro é o Deus que rege todas as orações e a grande aspiração desse mercado é enviar a poesia para o desemprego. E estão quase a consegui-lo. Basta ir a uma livraria para ver como as obras poéticas são escondidas no canto menos acessível, como se tivessem cometido um crime. Mas, como escreveu Afonso Cruz, no seu mais recente livro, "Jesus Cristo bebia cerveja", "as árvores que caíram na Primavera, ainda se ouvem no Outono".

Quanto às vozes poéticas que mais contribuíram para desenhar o meu idioma, refiro: Herberto Helder, Al Berto, Eugénio de Andrade, Ramos Rosa, Pedro Sena-Lino, Daniel Faria, Luís Miguel Nava, Celan.

Embora seja ingrato apontar nomes relativamente aos poetas no activo, aprecio Jaime Rocha, Maria do Rosário Pedreira, Graça Pires, Rui Lage, Manuel de Freitas.

Há também uma geração de vozes em plena ascensão, como Paulo Tavares, Inês Dias, Ricardo Gil Soeiro, Catarina Nunes de Almeida, Diogo Vaz Pinto, Renata Correia Botelho, Golgona Anghel, entre outros.

RGS: Sei que já está completamente pronto um novo livro... Pode destapar um pouco o véu desta sua nova obra? De que trata estas suas "Respostas a Pablo Neruda"? Qual foi a ideia que esteve na origem do livro?

AP: A ideia que esteve na origem deste novo trabalho foi a obra póstuma de Pablo Neruda, "Livro das Perguntas". Ao ver ali tantas questões a gritar, pensei, talvez possa falar com este apelo. Fi-lo, respondendo a dezassete das inúmeras que ali existiam.

As perguntas são a respiração do caminho que vai chegar. Morrer sem questionar o corpo é encerrar o fundamental numa estátua.

E o que é Deus senão a obra que comporta mais interrogações.

Quando comecei a escrever "Respostas a Pablo Neruda", não sabia o meu destino. Mas com o tempo foi-se desenhando um sentido, talvez aquele que o poeta pretendia; a hipótese de cada um sentir o batimento cardíaco da sua tempestade. Todo o homem que não fala com o seu Inverno, gera a impossibilidade de chegar ao seu estilo literário. Cada ser é apenas isso, um texto que procura desencalhar o seu estilo.

O objectivo primordial deste livro é responder ao seguintc:

De que estilo literário é um homem que tem o mel cosido à neve?

RGS: Pensando em projectos futuros, o que está a escrever neste momento?

AP: Estou a escrever o quarto livro de poesia, e simultaneamente, a acabar outro de contos, intitulado, "Um assalto faz bem à saúde".

RGS: Nos últimos anos, a literatura tem perdido terreno na vida colectiva das nossas sociedades actuais... Como vê a situação actual no que diz respeito à poesia? Com apreensão ou indiferença? Qual o lugar da poesia num mundo em crise profunda?

AP: Mesmo num mundo em crise profunda, a arte da poesia é esta; olhar um velho e imaginar nele a criança que consegue destronar o abismo. Saber de que lado da falésia a ascensão grita. Fazer-nos reflectir se a crise não é um santuário zangado com a nossa escuridão. A poesia tem esse ónus, em circunstância alguma abandonar a eternidade.

Quanto ao momento actual da poesia, vejo-o com naturalidade.

Tal como na Economia, os gostos literários obedecem a ciclos. O que hoje parece morrer em breve avista o trono. É preciso não deixar esmorecer a essência das coisas. Beber nódoas sem cair na tentação de as adiar com verniz. Gonçalo M. Tavares escreveu, "um homem é vestido com os próprios dias que já passaram".

E o que pode fazer a poesia, se despir a sua voz para seguir rebanhos?

RGS: O que anda a ler ultimamente? Lê, sobretudo, poesia? Ou privilegia outros géneros?

AP: Estou a ler "A Boneca de Kokoschka" do Afonso Cruz e também um livro de poesia, "Deitar a língua de fora", que tem o dom do quase anonimato.

Não privilegio nenhum género literário. É certo, no momento em que se está a instalar em mim um novo projecto poético, aí sim, leio mais poesia.

RGS: No seu último livro, "Amanhecem nas rugas precipícios" (2011), escreve: "Já reparaste que a morte hoje tem pássaros?" O que é a morte para si? Como gostaria de morrer?

AP: A morte como já referi, é o lugar onde toda a erva se explica.

Passamos os dias encravados em coisas daninhas, a confundir muros com pássaros, a coleccionar eternidades privadas para sermos ruídos em público. Mas sempre foi assim, o homem, até para atingir abismo, gosta de se sentir obra de arte. Esquecemos que o céu nos guarda sempre uma corda, é apenas uma questão de esperar pela árvore certa.

Há para mim um livro magistral para nos aproximar da morte, "Húmus" de Raúl Brandão.

Relativamente à forma como gostaria de morrer, estou ciente de que já morri algumas vezes. Mas se fala da minha derradeira morte, gostava de estar a pintar um quadro baseado na soberba frase de Paul Celan:

"Era Primavera, e as árvores voaram para os seus pássaros."

Mas não posso morrer já, é que ainda não sei pintar.

RGS: O que é, para o Alberto Pereira, um poema perfeito?

AP: E Deus perguntou ao poeta, como criaste o mundo?

Índice

Dez Números, dez anos

Do (in)efável na poesia

Ruy Ventura

José do Carmo Francisco

As Casas de Blackheath Park

Fala de Carlos Pato a Alves Redol 60 anos depois

Fado Feira da Cebola

Ricardo Gil Soeiro

Rumor Imperceptível

O Que me Tenta

Outros Desenlaces

Teoria Literária

As Sombras da Solidão

Jibanananda Das | Tradução de Rita Ray

Banalata Sen de Natore

Uma Estranha Escuridão...

A Laranja

Cidade

José Maria de Aguiar Carreiro

Imagem

Um Lume Destroçando a Visão

Bicho da Terra

O Fraco Momento da Vida

Alves Bento Belisário

Aberto um livro ...

Morre-se demoradamente ...

As lágrimas ...

Os minutos em linha ...

Doem-me os mil lares sonhados...

Tenho-me cobardemente esquecido...

Faz-se de águas e de Saudade

Amo a Vida Odiosamente

As Labaredas

Rui Tinoco

A terra fria ...

Volto para cantar nos mesmos lugares...

Uma lâmina de fogo...

Afias ...

Bem sei que vivi as coisas por dentro ...

Inicialmente ...

Se afirmo a minha humanidade ...

Carla Ribeiro

Os nossos olhos – cicatriz que nos fica dos dias em que vivemos...

Há uma musa deitada num campo de lírios, e é de noite e treme de frio ...

Andréa Catrópa

o sem-nome

relógio

azuis

sob as ondas

Régis Bonvicino

Palavras

Alberto Pereira

I

II

V. S. A. D. Vidinha

Lenga-lenga dos Passos

Postal *I Love Portugal*

Quadra

A Receita

A. Da Silva O.

Estar Morto Também Cansa

Entrevista: Júlio Graça

(José do Carmo Francisco)

«Um lugar onde as nódoas têm sinos»: Entrevista a Alberto Pereira

(Ricardo Gil Soeiro)

Lírica Analítica

www.ingramcontent.com/pod-product-compliance
Lightning Source LLC
Chambersburg PA
CBHW072348090426
42741CB00012B/2970